中国人は見ている。

中島恵

日経プレミアシリーズ

プロローグ

結婚式は、一一時五八分より開宴します!

「これを見てください。結婚式の招待状に、開始が午前一一時五八分からと書いてあるんですが、この中途半端な時刻は一体何なのでしょうか?」

上海在住の日本人の友人が見せてくれたのは「喜帖《シーティエ》」と呼ばれる結婚式（披露宴）の招待状。中国では、最近はSNSで招待状が届き、出欠をすぐに返信できるスタイルが増えてはいるが、通常は真っ赤なカードに日時や会場名、新郎新婦の名前などが記されている。

なぜ正午からではなくて、一一時五八分からなのか——。日本人が不思議に思うのも無理はない。

これには中国ならではの理由がある。中国で「八」は縁起のいい数字。そのため、おめでたい結婚式や店の新規オープンなどの開始時刻、開店時刻などを、あえて午前一一時五八分や午後五時二八分など、八を入れた時間にすることがある。大都市では最近はあまり見かけなくなったが、両親が気にして、このような時間に設定する人もいる。友人が受け取ったのは、そんな中国らしい招待状だった。

もちろん正午や午後五時などに始まる結婚式も多い（といっても中国では、時間厳守ではないので、実際に始まる時間はやや遅れるが……）。半端な数字は、あくまで招待状の記載だけだ。

家庭や地方によっても習慣は異なるので一概にはいえないが、中国人は少なくとも日本人よりも数字に対するこだわりは強い。

私の家の近所でマッサージ店を営む黄さんは、母親の八〇歳の誕生日に合わせ吉林省に帰省してパーティーを開く予定だった。だが仕事の都合で誕生日当日の一六日には間に合いそうにない。そこで親戚と相談して「縁起のいい一八日にした」と嬉しそうに語っていた。

中国人の友人は、会社が手配した引っ越し先の部屋番号が「六〇六号室」だったことに幸運を感じたという。「八ほどではありませんが、中国では六もいい数字。幸先がいい」。

上海の一部の地域では、六六歳の誕生日に細かく切った六六切れの肉を食べるという変わった習慣がある。

夕食に作った餃子は、一人前の数を六個か八個かにこだわる人もいる。

一方、別の友人は日本で「四〇一号室」に住んでいたところ、中国人の彼女から「縁起が悪いわ！」と叱られ、急いで引っ越しの準備に取りかかったと苦笑していた。

数字の縁起を気にする日本人もいるが、中国人がこれほど数字にこだわることは、日本では「中国関係者」以外にはあまり知られていない。

北京五輪の開幕日時に秘められた謎

中国人の友人によると、中国でいい数字とされるのは、「二、六、八、九」など偶数が多い。

「二」は対《つい》であり、シンメトリー（左右対称）が好きな中国人にとって好ましい。「二人同心」（二人の心が一つになる）ということわざもある。

「六」は「流《リウ》」（なめらかに）と同じ発音で、「六六大順《リウリウダーシュン》」（うまくいく、順調）に通じる。

「八《バー》」は「発《ファー》」と発音が似ていることから、「発財《ファーツァイ》」（財を成す）となり、財運に恵まれる、富む、発展するなどの意味の、中国では最もいい数字となる。

北京オリンピックが開幕したのは二〇〇八年八月八日、午後八時八分だった。「八」はあまりにも人気があるため、自動車のナンバープレートや電話番号などでも争奪戦となり、価格が高騰することは日本でも知られている。

日本に住む中国人の友人が持つ電話番号には「六」や「八」が並ぶが、「日本ではこだわる人が少ないので、三〇〇〇円の追加料金でこんなにいい電話番号が選べちゃった」と喜んでいた。

ホテルでも「八」が入った部屋にしたいとわざわざフロントに申し出る人もいれば、日本に住む中国人は、居酒屋の靴箱の番号は必ず「八」や「一八」にする人もいる。ちなみに私も居酒屋の靴箱や駅のコインロッカーでは「八」を選ぶ。

「九」は例外的に奇数だが、一桁の中では最大数であり、「久《ジウ》」と同じ発音で、永遠という意味になることから縁起がいいとされる。日本では「九」は苦《く》につながるので縁起が悪いという人もいるが、中国では異なる。中国人は一〇〇本のバラではなく、九九本のバラを贈って愛を誓う。

日中で共通なのは「四」で、両国ともに「死」につなげて考える。中国ではホテルやマンションでも四階だけでなく一四階も存在しない。高齢者の中には「四」と口にすることすら忌み嫌う人もいるという。

どうしても「四」を使わなければならない場合は、その前に「八」をつけて「八四……」という番号に変えてしまうこともあり、そうした不思議な部屋番号があるホテルも実在する。

そういえば、中国各地にある有名なホテルチェーンに「モーテル１６８」がある。一六八《イーリウバー》は「一路発《イールーファー》」（ずっと発展する）という言葉と似た発音となる。実におめでたい名前だ。リーズナブルなビジネスホテルのため、私も何度も泊まったことがある（財運に恵まれた人が宿泊しているようには見えない簡素さだったが……）。

日本人が「七五三」を祝うのが信じられない

中国で最も有名な企業、アリババが運営しているサイトの一つに「1688.com」がある。外国人は一見しても気づかないが、縁起のいい数字を並べているのは、中国人には一目瞭然だ。

都市部では結婚式のご祝儀も、最近では六〇〇元（約一万円）以上で、段階的に八〇〇元、一〇〇〇元、一二〇〇元、一六〇〇元、一八〇〇元、二〇〇〇元と縁起のいい数字や偶数にするのが常識だ。

日本でのご祝儀は「割り切れない」などの理由で三万円、五万円などの奇数にするのが一般的だが、中国では奇数はご法度。日本人が宴席で「一本締め」や「三本締め」をしたり、子どもの「七五三」を祝ったりするのを不思議に思う。いわれを知らないからだが、数字だけ見れば、中国人にとっていい数字とはいえない。

結婚式のご祝儀も「日本式でも構わないだろう」と、奇数の金額を包んでしまうと、人間関係がこじれてしまうかもしれないので要注意だ。

日中で異なる祝儀袋の一文字

日本と中国は同じ漢字圏の国である。日常的に漢字を使うのは、世界でも日本と中国語圏くらいだ。漢字は、見ればそれだけで意味が通じることが多い。それだけに、日本人と中国人は「わかったつもり」「知っているつもり」になってしまうことがあるが、両国で意味が微妙に異なる漢字もけっこうある。

日本でもよく知られているが、中国語の「湯」は「スープ」という意味だ。日本に関する知識がまったくない中国人が日本で「銭湯」という文字だけを見れば、お風呂屋さんとは思わない。

「娘」と書けば「お母さん」、「手紙」は「トイレットペーパー」、「走」は「歩く」、「猪」は「豚」、「経理」は「経理担当」ではなく「マネジャー」や「部長」という意味だ。

また、日本人が「勉強」と書けば、中国人はこれを「無理やりに」などと訳す。いい得て妙という気もするが、昔も今も、多くの中国人と日本人が筆談でお互いに誤解して、大笑いしたり、失敗したりしている。

日本の結婚式の祝儀袋や、正月の箸袋などには、金色で「寿」と書かれていることが多い。もちろん、おめでたいという意味だが、コンビニで祝儀袋を見かけた中国人は一瞬驚くかもしれない（中国の祝い用の赤い袋、紅包《ホンバオ》には「福」などの文字が書かれていて「寿」ではない）。

中国でも「寿」は日本語と同じく「長寿」などのおめでたい言葉があり、誕生日のときには長寿麺を食べるが、お葬式のときに使う「棺桶」は寿材、「死装束」は寿衣といい、こちらも「寿」だ。

このように、両国は同じ漢字を使うからこそ、理屈抜きに理解し合えたりする一方で、悪気はないのに誤解を生んだりすることがある。非常にややこしい関係だ。

中国語に精通する人、中国関係の仕事に携わる日本人にとっては、これらは「自明の理」であることが多いが、一般的にはほとんど知られていない。

似ているようで似ていない――。

同じところもあれば違うところもある――。

たった一枚の結婚式の招待状から、そんな日中の、一見小さいことのようでいて、実は大事な違いがあることが垣間見えた気がした。

関西風、関東風――それは何?

二〇一五年の「爆買い」ブームを契機として、社会の成熟化が進む中国では、日本について、科学技術だけでなく、社会や文化、芸術、行政、教育、医療・福祉などさまざまな面に対する興味や関心が猛烈な勢いで高まっている。

二〇一八年に日本を訪れた中国人は約八三八万人と前年比一四％増で、「爆買い」ブームのころと比較すると、わずか三年で三〇〇万人以上も伸びた。日本に住む中国人は約七六万五〇〇〇人（二〇一八年末、総務省の統計）で、こちらも右肩上がりで伸び続けている。

日本企業で、日本人と机を並べて働く中国人も増えた。

一方、中国を訪れる日本人は、メディアでのイメージで「減っている」という印象を持つ人がいるかと思うが、日本政府観光局のデータでは約二六八万人（二〇一七年末の統計）で、前年に比べ三・六％微増している。

訪日中国人と比較すると三分の一以下なので「少ない」と感じるかもしれないが、日本人が訪れる外国としては、米国に次いで二番目に多いのが中国なのだ。政治の影響で波はあるものの、ネットの発達によって、日中双方が得る情報量は一〇年前には想像もできないほど増えた。

日本人は中国のキャッシュレスやＩＴ分野などに関心を持つ人が多く、ビジネスという観点では、従来にはなかった展開が今後ますます増えていくだろう。

だが、これほどまでに双方の往来が増えているにもかかわらず、お互い相手について知らないことは、まだあまりにも多い。そして、「知らない」「気がつかない」ということについて、ふだんはあまり意識もしていない。

先日、日本在住三〇年以上になる中国人と二人で、東京都内のうどん店に入った。出汁《だし》をきかせた薄い色のつゆだったので、私が「ここは関西風ですね」と何気なくいうと、「こういううどんを関西風というの?」と逆に尋ねられた。その口ぶりから、おそらく関東風があることも知らないようだった。

もちろん、これ自体はたいした話ではないかもしれない。

しかし、その会話から、長いこと日本に住んでも(あるいは、ずっと住んで、それが日常になっているからこそ)気がつかないことや見えないことがあり、逆に来日した初日に、新鮮な目で見るからこそ気がつくことは、私たちが外国に行ってもよくあることを思い出した。

ある国で日常的に行われていることは、その国の人にとっては「当たり前のこと」なので、こちらが具体的に興味を持って質問しないかぎり、彼らはいちいち説明しない。

だが、何かの会話を糸口として、疑問に思ったこと、興味を抱いたことを、一つひとつ聞いていくと、思いもかけない答えが返ってきて驚かされたり、新鮮な発見があったりする。

中国人の視点を通して、日本を見てみる意味

外国の事情を知ることにより、翻って自分や自分の国を客観視したり、見つめ直したり、視野が広がったりすることもある。

たとえば、本文でも触れているが、言語が多く、多民族国家である中国では、同じ中国人同士といえども、必ずしも「共通体験」が多いわけではない。だから、何度も同じことを口頭や文書で確認する。契約社会といわれるアメリカも同じような事情があるのだろう。

一方で、国民の同質性が高く、同年代ならば出身地にかかわらず、ほぼ同じような体験をして生きてきた日本人同士では「あ・うん」の呼吸が通じ、詳しく説明しないことがある。

それが中国人を含めて外国人にはわかりにくいのだが、日本人は彼らが「わからない」ということに気がつかないし、気づくきっかけもそれほど多くはない。

第4章では、中国では子どもに厚着をさせるという話を紹介した。日本では、むしろ子どもには薄着をさせるほうが健康にいいと考える。中国では漢方の考えから身体を冷やさないようにするが、そうした生活習慣による常識の違いや、論理的に説明しづらい異文化ギャップも存在する。

本書を執筆していて、日本の常識が中国の常識ではないように、中国の常識は日本の常識ではないと改めて感じた。もっといえば、国や人種に関係なく、自分が考える常識は、他人の常識ではないという「当たり前」に気づかされた面もある。

本書は食文化、仕事、人づき合い、社会、日本人の中国観など、身近なテーマについて、中国人は日本を、そして日本人をどう見ているのか、さらに日中双方の認識にどんなギャップがあるのかを私なりの手法でまとめたものである。

私自身、三〇年以上中国とつき合ってきたが、取材してみて、私自身が知らないことがまだあまりにも多く、自分自身も知らず知らずのうちに先入観に囚われていると思うことが多々あった。

中国に限らず、仕事でも何でも、「自分はこの分野はよく知っている」という思い込みこそが、いちばん危ないのだとも痛感した。

また、私たちが一般的に、これまで「中国の常識」だと思ってきたことも、実は日々変化していて、未来永劫、固定化しているものではないということ。

そして、この日本社会も、私たちが意識していないだけで、中国人の視点から改めて観察してみれば、三〇年前とはずいぶん変わってきているのだということを感じた。

その変化や違いとはどのようなものなのか——読者の皆さんの小さな気づきや発見、ヒントにつながれば幸いである。

- 名前は一部仮名にした。
- 写真は五七ページを除き筆者撮影。
- 中国語はルビを振ったが、日本語読みが定着しているものは日本語のルビを振った。
- 為替相場は一元＝一六円に統一した。

目次

「ええっ！　日本にも納豆があるの!?」
中国人女子の「私を中華に誘わないでほしい理由」
日本の中華には、「出汁」が感じられない
なぜ横浜中華街には広東料理が多いのか
ホイコーローと回鍋肉の遠すぎる距離
日本の餃子には羽根が生えている!!
中国人が日本で食べたい、もう一つの「別もの」
豚骨ラーメンに魅了される三つの理由
中国人が知らない「ラーメン模様」は、どこから？
インスタント麺は駅や空港で食べるもの
「なぜ日本には給湯器がないのか？」
スイカは欠かせない果物なのに……
日本の野菜は工業製品みたいだけど、やっぱり安心
中国でも食文化は変わり続ける

第2章 ここがおかしい日本の会社

仕事

「電話、社会主義、居酒屋」に共通する点は何？
時代の流れで中国語も変化している
東京と大阪なら、断然、大阪が好き
夜の街に人が少ないのは、なぜですか
会議後に見た、日本人の信じられない親切心
「日本の電車」は、中国人にとって感動の宝庫
一人で本を読む女の子――中国ではめったに見かけない
なぜ書店でブックカバーをつけるのですか
日本語の本を持ち歩いている自分が好き
北京のバスは怖い、日本のバスは優しい
中国への帰省中、日本で買ったポストカードが生んだ縁
クリニックと歯科医院が多いのがうらやましい
冬に半ズボンをはかせる親が信じられない

第5章

テレビの中国特集で流れる謎のテーマ曲

日本人の中国観

中国人が知らない中華料理のテーマ曲
日本で一大ブームを巻き起こした李小龍
「中国を代表する有名人」はなぜか香港出身
なぜ「紅色」がイメージカラーなのか
年男、年女は赤い下着を身につける風習
白いウエディングドレスは縁起が悪い？
チャイナドレスは民族衣装ではありません
漢民族の「漢服」はコスプレで着る
伝統的な民族衣装がない哀しみ
中国人といえば「烏龍茶を飲む」は間違いです
CMで定着した中国イメージ
日本ほど烏龍茶を飲む国はない

第1章

ごめんなさい、その接待はご遠慮ください

食文化

日本人の高級接待、これだけは本当に苦手で……

東京都内にある有名料理店の一角――。煮え始めた茶色の鍋を前にして、日本人が一斉に卵を上手に割ると器に投入、箸でシャカシャカと溶き始めた。

「さあ、どうぞ、どうぞ。ご遠慮なさらずに」

北京出身の三〇代後半の男性、陳潔敏氏は、日本出張中に接待で案内されたすき焼き店での出来事を鮮明に覚えている。生卵の実食、人生初体験の瞬間だ。

陳氏は不器用な手つきで、卵を割り同じように箸で溶いてはみたものの、その見た目が受け入れられず、すき焼きの具を黄色のドロドロとした液体にくぐらせることができなかった。陳氏はいう。

「私は北京の大学で日本語を専攻し、向こうの日本料理店にもあったので、もちろんすき焼きは知っています。日本のごちそうですよね。ですが、まさか日本で、こうして日本人に囲まれて食べることになろうとは想像もしていませんでした。だから戸惑って、ついには冷や汗が出てきてしまいました」

何しろ、この日のコース料理は、すき焼きがメインなので食べないわけにはいかない。個室が慣れない畳ではなく、テーブル席だったことがせめてもの救いだった。

柔らかい牛肉やネギ、焼き豆腐などはおいしく食べられたのだが、生卵は最後まで手つかずのままだった。

「中国人は日本の肉は大好きです。有名なブランド牛があるでしょ？　日本旅行では、焼き肉を楽しみにしている人も多い。でも、生卵につけて食べるすき焼きは、焼き肉ほど人気はありません。同僚や友人も、すき焼き自体はおいしいので、卵につけないで食べるといっていました」

中国人に生卵の評判はあまりよくないようだ。これはご想像のとおり、中国では卵を生で食べる習慣がないからで、日本に何年も住む中国人でも「生卵は苦手です」という人が多い。

都内の大手企業に勤務して三年になる二〇代の中国人女性も、部内の飲み会がすき焼き店だと聞くと、「正直あまりうれしくない」という。

「すき焼きは甘めの味つけなので、北京出身の私のように、甘い料理を食べつけない中国人にとっては好きな味ではないのですが、嫌いというほどではありません。でも、生卵にはつけません。

以前、飲み会ですき焼きに行ったとき、私ともう一人の日本人だけ生卵を食べなかったら、私たち以外、全員お腹を壊したことがあって……。生卵が苦手でよかったです（笑）」

日本国内で生卵を食べてあたることなどめったにないと思うが、彼女は「やはり生ものはあまり食べないほうがいい」と改めて強く思ったそうだ。

寿司店の「まかない」で受けた衝撃

数年前、寿司店でアルバイトをしていた雲南省出身の留学生が生卵にまつわる思い出を語ってくれた。

「店長からご飯と生卵を『はい、今日のまかないね』と渡されたときの衝撃は忘れられません。『卵かけご飯にするように』ということだったのですが、そんな食べ物が世の中に存在することを知りませんでした。

てっきり、この卵を焼いてご飯にのせて食べなさい、ということだと解釈して、『店長、フライパンはどこですか？』と聞くと、逆に店長は目が点になっていました」と笑う。

まかないが卵かけご飯だけということに、日本人の私もある意味驚くが、そのときの留学生のショックは想像にかたくない。

中国にも卵料理はいくつもある。有名なのは木須肉（豚肉と卵、きくらげの炒め物）や、西紅柿炒蛋（トマトと卵の炒め物）などで、中国人も卵は大好きだ。ホテルの朝食で半熟の目玉焼きを食べている中国人も多く、広東省に行くと火鍋のたれに生卵を入れることもある。

だが、すき焼きの生卵や、シンプルな「卵かけご飯」をおいしそうに頰張る中国人はなかなかいない。海外では生卵で食中毒になった事例も多く、ほとんどの国や地域で、焼いたり茹でたりして食べる。やはり日本が特殊なのだ。

昨今、中国でも食の多様化が進み、北京や上海などの大都市では外国料理店が急増している。生ものを食べるという意味で、回転寿司も市民権を得てきているし、レストランのバイキングで「生野菜」のサラダを好んで食べる健康志向の人も増えてはいるが、まだ少数派だ。

火を通していても、食べられないものもある。

数年前、日本をよく知る中国人夫婦が来日した際、共通の友人である日本人が「彼らはかなりの〝日本通〟だから、ちょっと珍しいものにしましょうか……」と気を利かせて、どじょう料理専門店に案内した。

私も同席したが、彼らはどじょうを食べられず、気まずい雰囲気になってしまった。事前に聞いておけばよかったと友人は申し訳なさそうだったが、もし事前に聞いたとしても、「一度も食べたことはないけれど、おそらく大丈夫、挑戦してみたい」と無理して答えたかもしれない。

このときの経験から、たとえ相手を思いやっていても、外国人を招待するときの料理の選択というのはなかなか難しいものだと感じさせられた。

「ええっ！　日本にも納豆があるの⁉」

外国人が苦手な日本食といえば納豆だが、欧米では一部で「身体にいい」とブームになっている。中国でも数年前からメディアで取り上げられるようになり、北京や上海の大型スーパーでは、常に数種類の納豆が売られている。

日本に住む中国人に納豆について聞いてみると、ほとんどの人が「食べられない」と顔をしかめるが、日本人男性と結婚した湖南省出身の三〇代の女性は「納豆、大好きです」と話す。

「最初は食べられませんでしたが、夫が大の納豆好きなので挑戦したら、けっこうおいしいと思うようになりました。いろいろな種類を試してみて、今では紫蘇味がお気に入りです。夫の転勤で東南アジアに住んだときには、日本に帰省するたびに必ず納豆を大量に買いました。中国人も食わず嫌いが多いだけで、食べれば、意外においしいと感じるのではないでしょうか」

中国語で「納豆《ナードウ》」と検索してみると、大量の情報が出てくる。納豆を加工した健康食品「納豆片」の通販サイトや「納豆大好き」中国人たちが編集したまとめサイトなどもあり、関心度はけっこう高い。中国の高級ではない日本料理店の定食でも、副菜として納豆をカップごと出しているところは多い。

上海在住で日系メディアの上海支社長を務める女性、陸暁燕氏は「幼いころ、蘇州に近い祖父の家では納豆を作っていました」という意外なエピソードを紹介してくれた。

陸氏は上海生まれ上海育ちだが、父方の祖父は江蘇省宿遷市の出身。秦末期の楚の武将、項羽の出身地として知られるところだが、陸氏によると、彼女の先祖は『三国志』の登場人物の一人で、呉の孫権の時代に活躍した陸遜《りくそん》だという。

その宿遷市では、なぜか昔から納豆を自宅で作っている人が多く、陸氏も幼いころ祖父の田舎を訪れたときに納豆を食べていた。

「祖父が作る納豆はネバネバでした。かつての日本と同じく、蒸した大豆を稲わらで包み、発酵させる伝統的な製法です。納豆は洗って唐辛子や生姜などと混ぜ、卵や野菜と炒めます。その状態ではもうネバネバしていません。ご飯に合うので納豆料理が大好きでした」

私自身も二〇一五年に貴州省を訪れたとき、ローカルな市場で納豆を見かけたことがある。大きな丸いカゴにどっさり入っていて、ひきわり納豆のようだった。カゴの横にスプーンがあり、好きなだけビニール袋にすくう量り売り方式だった。

そのときは写真を撮るだけで、うかつにも試食しなかったのだが、案内してくれた貴州大学の学生によると「野菜と一緒に炒めてよく食べる」という話だった。中国の西南部に位置する貴州省や雲南省、四川省などの一帯では共通する食材や料理が多く、ドクダミなどの野草もよく食べる。納豆もそうしたものの一つだということをそのとき知った。

中国には豆鼓《ドウチ》という豆を発酵させたポピュラーな調味料もあるし、『謎のアジア納豆—そして帰ってきた〈日本納豆〉—』（高野秀行著、新潮社）というアジア各地に納豆を探し求めて歩いた本によると、東京・麻布十番の中華料理店では、貴州省から納豆を「調味料」として仕入れて使っているという。

陸氏は幼いころから納豆に馴染んでいたため、日本に留学でやってきて納豆を見たときの第一印象は「ええっ！　日本にも納豆があるの!?」だった。

日本ではそのままかき混ぜて醤油、薬味を入れて食べると知ったのはあとのこと。中国の食べ方とはかなり異なるが、「これはこれでおいしい」と感じ、抵抗はまったくなかったという。

「留学時代、アルバイトしていた有楽町の小料理屋では、納豆豆腐という、豆腐の上に納豆とかつお節、ネギ、生姜などをのせて食べる料理を出していておいしかったのを思い出します。紫蘇に納豆をのせた天ぷらも食べたことがあります。私はオクラなどネバネバした食材も大好きです」

話を聞いているだけでよだれが出てきそうなレシピだが、まさか中国人からそんなに納豆にまつわるエピソードを聞かせてもらえるとは思わなかった。

納豆については、さすがに日本通の中国人や外国人でもハードルが高いだろう、と思っている日本人は多い。私も「中国人はネバネバしたものは苦手」という先入観を持っていたのだが、必ずしもそうではないことがわかった。

陸氏との納豆談義に花を咲かせているうちに思い出したが、数年前から北京や上海のスーパーではオクラを見かけるようになった。

中国語では「秋葵《チウクイ》」というが、以前はあまり見かけたことはなかった。念のため、北京や上海に住む日本人数人に確かめたが、彼らも「数年前から」と話していた。日本と同じく茹でて刻んだりして食べられるので、重宝しているといっていた。

近年になって市場に出回り始めた新顔の野菜で、中国ではニンニクや唐辛子とともに炒めて食べる人が多い。

中国にも臭いが強烈な臭豆腐《チョウドーフ》があり、多くの地方で食べられる人気料理だ。内陸部の安徽省には「生ごみのような臭い」といわれる名物料理、臭桂魚《チョウグイユー》がある。

中国人は臭いがきつい東南アジア産のドリアンも大好きで、スーパーや果物店では必ず売られている。ドリアンだけを販売する専門店もあるくらいだから、彼らが強烈な臭いや、ネバネバがすべてダメなわけではない。

中国人女子の「私を中華に誘わないでほしい理由」

中国人が日本で「あまり行きたくないところ」といえば中華料理店だ。

「えっ？　池袋や新宿には、中国人に大人気の中華料理店がたくさんあるのでは？」と思う日本人が多いが、中国人が好む店と日本人が好む店は異なり、注文する料理も違う。彼らが好まないのは「日本風の中華料理店」であり、この話は前著『日本の「中国人」社会』でも触れた。

日本には数えきれないほどの中華料理店がある。そして中華料理が嫌いだという日本人はあまりいない。だからなのか、日本人が日本在住の中国人を食事会に誘う際、「中華料理にしましょうか」と声をかけることは多い。中国人に「寿司などの生ものは大丈夫ですか？」

と聞くことはあっても、「中華料理は大丈夫ですか？」と聞く日本人はまずいない。だが、多くの在日中国人に取材すると、「日本の中華料理はあまりおいしくない」と答えることが多くて驚かされる。

前述の中国人女性は断言する。

「正直いって〝日本の中華〟は中国人にとって、あまりおいしいと感じられません。東京都内に住む中国人女子の集まりでは、イタリアンなどを選択することが多いですね。日本のイタリアンはおいしいし、おしゃれ。シェアしやすいし、お値段も手ごろ。日本の中華は高級店を除いてゆっくりできないところが多いし、味のわりに値段が高いですから。シンプルな野菜炒めが一〇〇〇円以上とか、信じられない。

だから、日本人の皆さんにお願いです。私が中国人だからと気を使って、どうか中華料理に誘わないでください」。そう話して笑った。

他の中国人からも〝日本風中華〟への不満の声が続々と噴出する。これまで「日本の中華は好きですか」と改めて質問しなかったから、日本人が知らなかっただけのようなのである。

日本の中華には、「出汁」が感じられない

中国にいたころは、ほとんど料理を作らなかったという三〇代の蘇州出身の女性の証言だ。

「日本の中華はまったくおいしくない。仕方がないから、自分で作ります。母に聞いて作っていくうちに、今では故郷の味も再現できるようになりました。

日本で外食するときには、中国人の友人の間で評判がよく、絶対にハズレない本格的な中華か、他のジャンルの料理店に行きます。日本では、中華以外の外国料理はとてもおいしいと感じるのですが、なぜか中華だけは……。

日本の中華は片栗粉を使いすぎです。ドロドロになったあんかけは、どうしても中国人の口には合いません。あの固まった片栗粉を見ただけで、もう……」

ここまで評判が悪いとがっかりするが、残念ながら事実のようだ。彼らが日本の中華を「おいしくない」と感じる理由について、都内の大学院に通う男性は次のように分析する。

「出汁が関係しているのではないでしょうか？」

彼は料理の専門家ではないが、かなりのグルメだ。実家は北京で両親ともにエリート。幼

いころからロシア料理、フランス料理なども含め、さまざまな料理を食べてきている。

「中国料理では白湯《バイタン》という出汁をあらゆる料理に使いますが、日本の中華では出汁の味が感じられません。水が違うとか調味料の味が違うというだけでなく、出汁がきいていない点が中国人を満足させられない一つの要因だと思います」

なるほど……。その話を聞いて、私は「それなら、中国で食べる日本料理と同じじゃないか」と感じた。

中国でも日本料理店は年々増え続け、内陸部の中小都市でも看板を見かけることがある。中国で食べる日本料理は大都市でもかなりの値段を出さないと私たちが満足できるレベルには達しないが、とくに味噌汁は出汁が感じられず、たいていの日本人は「ただお湯に味噌を少し溶いただけ」という印象を持つ。

刺身や焼き魚など、素材そのものを味わう料理ならば、現在ではそれほど問題なくなっている。中国など海外に住む日本人は、少々レベルが低くても「日本料理恋しさ」のあまり、妥協して「おいしくない日本料理店」でも通ってしまう。

そこが食事のクオリティに一切妥協しない中国人との違いだと個人的には思うが、出汁をきかせる煮物や味噌汁などでは味に大きな差が出て、日本人もがっかりする。「白湯の味が感じられない」というのは、中国の味噌汁を飲んだときの日本人の感想に近いものがある。

前出の蘇州出身の女性はこうもいう。

「日本人はフランス料理やイタリア料理は本場に修業に行き、味をしっかりマスターして日本で店を開きますよね。多少、日本人向けにカスタマイズしていますが、イタリア人も褒めるほど成功しています。

一般の日本人も、ナポリタンやたらこスパゲティなどの日本風のイタリアンは、本場とは完全に違うと最初から理解しています。でも、中華料理だけは相変わらず日本風のままですね。

最近は中国人のコックも多いし、中国に修業に行き、本格的な店を出している日本人もいますが、基本的には日本風中華のほうが一般の日本人には喜ばれますし、日本人は日本風中華が中国現地の料理と同じようなものと誤解しているふしがあります。いつまでもそこから抜け出せないのがどうしても不思議です」

日本と中国の中華料理は同じと誤解している日本人がどれほどいるかは不明だが、「そもそも、そんなことは考えたこともない」という人は多いのではないだろうか。

なぜ横浜中華街には広東料理が多いのか

日本風中華が広く受け入れられている理由については、日本での中華料理の発展過程が関係しているかもしれない。

日本に中華料理が定着したのは、横浜港開港後の一九世紀後半ごろからだ。欧米人とともに来日した中国人の買弁《バイベン》（主に香港や広東省出身の商人）や雇われ人が料理店を開いた。今でも横浜中華街に広東料理系の店が圧倒的に多いのはこうした理由からだ。

中国料理を大別すると、主に八つに分けられる。山東料理、江蘇料理、浙江料理、安徽料理、福建料理、広東料理、湖南料理、四川料理――。それぞれ省や地方の名前がついているのでわかりやすい。

山東はさっぱり系、広東は甘く、四川は辛い。大雑把にいえばこれだけだが、これ以外にも、すべての省や自治区に特徴のある料理があり、一口に中国料理といっても、日本人が想像できないほど幅広く、奥が深い。

中国人でさえ一度も口にしたことのない「中華料理」は数多くある。以前、東京・銀座の湖北料理店に案内してくれた中国人は、「この店は自分の故郷の味なので、日本人に自信を持って説明できる。隣の湖南省の料理は日本でも有名だが、それについては一般的な説明しかできない」と話していた。隣の省とはいえ、中国は広く、それくらい食べているものが違うということだ。

日本の中華料理は、主に中華街を中心とした広東料理系と、戦後、旧満州から引き揚げてきた人々などからもたらされた東北料理系という二つの系統を中心に定着、発展し、日本人の好みに合わせて次第に変化、日本独自の「中華料理」を形成していった。

欧米の料理が普及する以前に、日本社会に自然に入ってきた料理であり、早い段階で日本人の好みにカスタマイズされた。独自の進化を遂げたので、中国人から見ると理解不能な「餃子定食」や「天津飯」といった料理も生まれた。

これらは日本で「町中華」というジャンルで呼ばれることもあり、親しまれている。

餃子は中国では主食の一つなので、同じ炭水化物のご飯とは一緒に食べないし、天津飯に近い芙蓉蟹（蟹玉に似た料理）はあるが、ご飯にかけることはあまりなかった。天津飯は日本の中華料理店がまかないで出したことがきっかけで広まった日本独特の料理だという説がある。

私は以前、天津出身の中国人男子留学生から「天津甘栗」をお土産でもらったことがある。

「日本人の間では、天津といえば甘栗というイメージがあると聞いて、自分の出身地を覚えてもらおうと思い、こうして配っているんです」とジョーク交じりに話してくれた。

甘栗の輸入専門商社である東洋軒によると、天津に「天津甘栗」は存在しないという。天津が甘栗の出荷地なので、日本では「天津甘栗」という名称が定着したそうだ。

そうした日本人に向けた商品なのか、北京や上海の空港ではかなり前から「天津甘栗チョコ」など、日本人が喜びそうなお菓子が販売されている。それを見た日本人は「中国の空港で売られているくらいだから、天津甘栗はやっぱり有名なのだ」と思い込み、さらなる誤解を生んだ。

ホイコーローと回鍋肉の遠すぎる距離

中国料理が中国の料理である一方、中華料理は〝日本風〟にアレンジされた中国料理のことで、この二者を「中国」「中華」と区別して呼んでいる日本人もいるが、一般の日本人はほとんどその定義すら意識しない。

二〇一九年夏まで在日香港系メディアの記者として働いていて、現在は貴州省の貴州民族大学で教鞭を執る李海氏に「本場と異なる日本の中華料理」について話を聞いた。

李氏は四川省眉山市出身。眉山市といえば、中国の著名な政治家であり詩人、書家でもある蘇東坡《そとうば》（蘇軾《そしょく》ともいう）の出身地である。蘇東坡は唐宋八大家（唐代と宋代を代表する八人の文人）の一人で、中国で彼の名を知らない人はいないといってもいいほど有名だ。

波瀾万丈な生涯を送った蘇東坡が黄州（現在の湖北省）に左遷させられたときに考案したといわれているのが東坡肉《トンポーロー》という有名な料理だ。沖縄でよく食べるラフテー（豚の角煮）に似ている、といえばイメージしやすいだろう。

蘇東坡の影響なのか、四川省には美食家が多いといわれる。四川省といえば、日本人は

「麻婆豆腐の本場」「パンダのふるさと」をイメージする。

麻婆豆腐はテレビで活躍中の料理人、陳建一氏の父親、陳建民氏が日本に広めたことで有名になったが、近年はそれ以外の四川料理も知名度がアップしている。回鍋肉《ホイグオロー》や乾焼蝦仁《ガンシャオシャーレン》（エビのチリソース）だ。

回鍋肉は日本ではホイコーローという「日本人的な発音」で親しまれている。テレビコマーシャルでもお馴染みの「味の素」の合わせ調味料『クックドゥ（Cook Do）』シリーズで一躍知名度が上がった。『クックドゥ』のウェブサイトを見ると、現在発売されているシリーズは、ホイコーローも含めて全二五種類あるが、ホイコーローは常に人気ランキングの上位をキープしている。

麻婆豆腐と同じく、日本人は「これが本場四川の味」と思っているかもしれないが、李氏が日本で食べた四川料理で最も「これは全然違う！　回鍋肉じゃない！」と衝撃的だったのがこの料理だ。

日本のホイコーローの材料は豚肉、キャベツ、ピーマンなどで、ピリ辛の調味料で提供している店もあるが、どちらかといえば甘辛い味つけが多い。李氏によると、「四川省ではキャベツではなくニンニクの葉を使います。そこが最も違うところ。来日して食べたときは、あまりの違いに衝撃を受けました」という。

そして「日本では調味料として甘い甜麵醬《ティエンミエンジャン》を使ったりしますが、あれは四川人として、どうしても納得がいきません」と笑いながら語る。

私も四川省で回鍋肉を食べたことがあったのに、指摘されるまでまったく気がつかなかった。

李氏によると以前、都内にニンニクの葉を使った本格的な回鍋肉を出す四川料理店があったそうだが、閉店してしまったという。

「自分たち日本在住の四川人が足繁く通って応援するだけでは、お店の経営を支えられなかったのかも……」と残念がる。

本郷三丁目と池袋で四川料理店『栄児《ロンアール》 家庭料理』を営む丸藤英子氏にも話を聞く機会を得た。丸藤氏の本名は周栄氏。四川省成都市郊外の出身で、店名は幼いころの自分の愛称だという。日本人と結婚して来日し、東京都内で四川料理店を開いた。四川省の母の味を日本に伝えたいという思いを抱く丸藤氏はいう。

「回鍋肉とは文字通り、『もう一回、鍋に肉を戻す』という意味です。材料は豚バラ肉とニンニクの葉で、調味料は豆板醬。豚の塊肉を鍋で煮てから取り出して薄く切り、生姜や豆板醬とともに再び鍋に入れて、ニンニクの葉と炒めます。調理方法がそのまま料理名になっているのです。

四川省の家庭でよく作るシンプルな料理で、凝ったものではありません。昔はどの家庭でも調味料の豆板醬まですべて自家製でした」

日本ではそこまでの手間をかけられないからか、あるいは早くから合わせ調味料が普及したからなのか、本場とは似ているようで似ていない「ホイコーロー」となった。

丸藤氏によると、アメリカの中華料理店でも回鍋肉にはキャベツを使用することが多いそうで、「海外では新鮮なニンニクの葉があまり入手できないから、手軽な食材を使ったのかもしれません」と想像する。

ほかに日本でも有名な四川料理といえば、担々麵があるが、四川省では「汁なし担々麵」が一般的なのに対し、日本では「汁あり」のほうが一般的だ。

日本における「四川料理の父」といわれる陳建民氏が「汁あり」を広めたといわれている

が、日本の中華料理店では、わざわざ本場のほうを「汁なし担々麺」とメニューに書くほどで、ここまでくると、一体どちらが本物なのかわからなくなってしまう。

日本の餃子には羽根が生えている!!

日本人が好む中華料理といえば、餃子、チャーハン、麻婆豆腐、チンジャオロースー、エビチリ、酢豚などである。不思議なことに、欧米でも中華料理といえば、なぜかこれらの料理が定着していると聞く。素材や調味料の調達、作り方のシンプルさなど、外国人がこれらを好むようになったのには、きっと共通の理由があるのだろう。

これらのうち、中国でも定番で、日本でとくに発展を遂げたのが餃子だ。中国で餃子といえば水餃子を指す。中国のメニューでは「水餃《シュイジャオ》」と書いてあることが多い。

生の餃子を茹でて湯切りしたもので、東北地方や北京などでは、先述したように主食の一つとしてよく食べられている。

どの地方出身の中国人でも、春節（中国の旧正月）や家族が集まるときに、家庭で餃子を手作りするという人はとても多い。餃子の形は昔のお金の形であり、縁起がいい食べ物だからだ。

中国では、ざっくりいうと北方は麵食、南方は米食だ。麵食の麵とは材料を指し、麵料理のことではなく餃子などの小麦粉料理のことをいう。

焼き餃子は鍋貼《グオティエ》や煎餃《ジェンジァオ》と呼んで水餃子とは区別している。中国でも地方によっては鍋貼を食べるが、水餃子と比べると、幅広い地方の人々が好んで食べている料理ではない。

日本の焼き餃子は、戦後、旧満州からの帰国者が日本で店を出したことがきっかけで人気となり、全国で作られるようになった。日本では皮は薄く、具には豚肉、白菜（またはキャベツやニラ）、ニンニクなどを入れる。

日本では具が主役で皮は脇役だと思われているが、中国では逆だ。皮は手作りで厚め。具にニンニクは入れない。具よりも皮のモチモチ感を重視する。

盛りつけ方も異なる。いつのころからか、日本の中華料理店や餃子専門店では、焼き餃子は焼き目を上にして盛ることが一般的となっているが、中国ではこれも逆だ。皮と皮とをくっつけた側が上になる。

日本の羽根つき餃子は、焼き上がる前に、鉄鍋に小麦粉を溶いた水を流し、餃子に羽根が

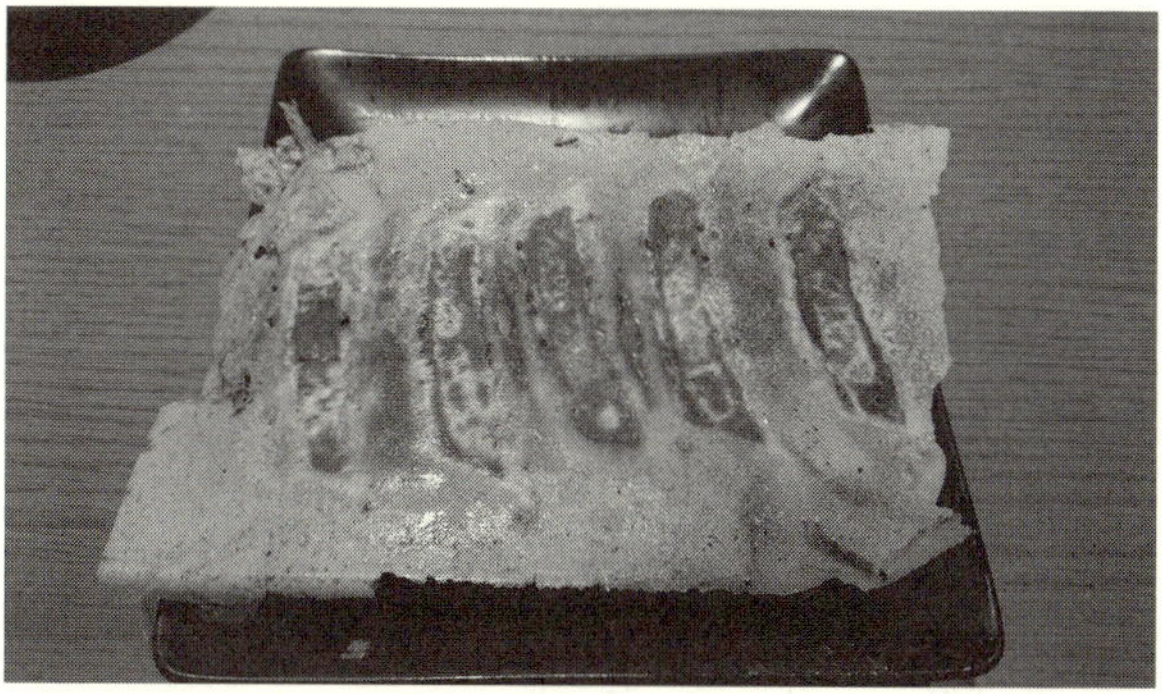

中国人はなぜ日本人が餃子を裏返して盛りつけるのか、理解できない

生えているように見せる。日本人はこれを「パリパリでおいしい」と感じるが、中国人の目には「なぜわざわざ羽根をつける必要があるのか」「餃子をひっくり返して、余分な部分まで盛りつけるのか」と不思議に映るようだ。

だが、日本風中華を酷評する中国人も、「日本の焼き餃子はおいしい」と高く評価する。中国と同じように皮も手作りし、具も工夫している店には中国人も足繁く通い、「日本で初めて焼き餃子のおいしさに目覚めた」「日本の焼き餃子は芸術品」と褒めたたえることもあるほどだ。

中国の餃子とは「別もの」として認識しているのだろう。

中国人が日本で食べたい、もう一つの「別もの」

多くの日本人も知っているだろうが、中国人が絶賛しているもう一つの「別もの」が日本のラーメンだ。漢字表記すると「拉麺」。「中華そば」などと書くこともあり、中国との関係が深いことは誰でも知っているだろう。

中国では小麦粉などの材料を麺のように延ばしたものはすべて麵条《ミエンティアオ》と呼び、拉麵はその一種。その呼び名は陝西省、甘粛省などのシルクロードに近い地方で伝統的に食べられるラグマンという料理に由来するという説もある。

日本人が想像するのとまったく同じようなラーメンは、もともと中国には存在しない。近年、東京にも出店が相次ぐ蘭州拉麵のように「拉麵《ラーミエン》」という同じ呼び名の料理もある。しかし、中国人は日本のラーメンを「日式拉麵（日本風のラーメン）」と呼び、中国のラーメンとは違う食べ物だと思っている。

ラーメンは日本で独自に進化、発展を遂げていくうちに日本を代表する料理となり、今や中国人観光客をも魅了、熱狂させるほど特別な存在になった。彼らは日本のラーメンのどこにそれほど魅力を感じるのだろうか。

日本に住む中国人や、観光でやってくる中国人の多くが口を揃えるのは「日本のラーメンはスープがおいしい」という点だ。

ラーメンを食べるとき、まずスープを一口飲むという日本人は多いが、中国人観光客もそれを見習って同様の行動を取る。

「あの濃厚な豚骨スープの味がたまりません。中国でも地方によって似た味はありますが、日本の豚骨はとにかく深みが違う。ラーメン職人がスープの出汁づくりに丁寧に時間をかけているところが中国との違い。まさに中国人が憧れる職人の技、匠の仕事です」

こう絶賛するのは上海在住の四〇代の男性だ。彼は大のラーメン好きで、四~五日程度の日本旅行の際、少なくとも三回はラーメンを食べ歩く。豚骨ラーメンが大好きで、来日した際に行くのは東京・新宿の『一蘭』や銀座の『一風堂』だ。

彼が育った上海には「陽春麵《ヤンチュンミエン》」という「中国ラーメンの一種」はあるが、「ネギをのせた醬油ベースのあっさり系の麵で、朝食のときなどにさっと食べたりするもの。日本のような一品料理のラーメンとは違う」という。

私は陽春麺を食べた経験はわずかしかないが、上海のスーパーで半生の麺が売られているのを見かけたことはある。家庭で作る以外、比較的安い食堂で食べられる軽食だ。

中国各地には日本でも最近よく名前が知られるようになった山西省名物の刀削麺《ダオシャオミエン》や、同じく山西省のオーツ麦を使った莜麺《ヨーミエン》、北京や山東省などでよく食べられる炸醤麺《ジャージャンミエン》、字画が五八画もあり中国で最も難しい漢字を使うビャンビャン麺、四川省の担々麺など、実にさまざまな麺料理があり、麺の材料の違い、麺の延ばし方や切り方、調理法の種類を見ると、日本よりも圧倒的に多い。

都内に住む三〇代の中国人男性も「日本のラーメンは大好き」といいつつも、中国との違いを冷静にこう分析する。

「日本人はスープと具に異常にこだわりますよね。でも中国では麺にこだわります。地方によって材料や切り方に特徴があり、上にのせる具や料理で数十倍ものバリエーションが生まれます。

日本では具のチャーシューの作り方にもとことんこだわりますが、中国ではそこまで具にはこだわりません。中国人から見ると、日本人の餃子やラーメンに対するこだわり方は〝本末転倒〟。中国人とは全然違うところを重視しています。

でも、日本のラーメンはとにかくおいしいから、これはこれでいいんですが……」

豚骨ラーメンに魅了される三つの理由

出身地にかかわらず、日本に住んでいたり、日本に観光に来たりする中国人に好きな日本のラーメンを聞くと、多くの人が「豚骨ラーメン」と答える。

これは中国版「食べログ」のような飲食店評価サイト「大衆点評」でも裏づけられている。同サイトには、中国人が来日時に評価したラーメン店が六〇〇〇店以上表示されるが、上位はいずれも豚骨ラーメン店ばかりだ（日本料理というジャンルの中のさらに細かい分類で、寿司、天ぷらなどと並び、ラーメンも独立したジャンルになっている）。

なぜなのか、論理的に分析するのは難しいが、同サイトのクチコミや中国人の意見を自分なりに総合すると、理由は主に次の三つがある。

- 濃厚な味が中華料理に通じるので、親しみを感じる。
- 中国で最初に食べた日式拉麵も豚骨で馴染みがある。

・日本のラーメンといえば豚骨が定番。
日本には醤油、味噌、塩、豚骨などがあり、東京では醤油ラーメンが最もポピュラーだが、「大衆点評」では豚骨以外はかなり下位だった。

上海出身で、東京で働く二〇代の女性は、来日した両親を魚介系のこってりスープで太麺が特徴のつけ麺店に案内したが、「味が濃すぎてスープが飲めない」と不評だったという。つけ麺のスープを飲み干す日本人はほとんどいないが、両親は飲むものだと思ったようだ。ところが、そのあと豚骨ラーメン店に連れていくと「ここは中国でも有名な店だね」と喜んでスープも飲んでいたそうだ。

このように、彼らが好んで豚骨味を食べるのは、中国で最初に食べられるようになった日本のラーメンが豚骨（熊本県に本社がある味千ラーメン）で、そのスープが彼らの口に合ったからではないか、ということだ。

味千ラーメンは一九九〇年代後半に香港に進出。香港を足がかりに中国各地に店舗を拡大し、二〇一八年末には六五〇店舗に到達した。私自身も北京や上海の味千ラーメンで食事をしたが、サイドメニューが充実し、ラーメンもメニューにあるファミリーレストランという感じだった。

中国人は孤食を好まず、食事は誰かと一緒にするもの、という認識があったことから、おそらくこのような豊富なメニューを取り揃えて「現地化」し、それが中国人に受け入れられたのではないだろうか。

そのためか、「日本では醤油ラーメンのほうがポピュラーで、最も多くの人が食べている」と聞くと、意外そうな顔をする。

一方、日本のテレビドラマ『深夜食堂』が人気の上海では、「がんこ親父のこだわりラーメン」のような、日本のラーメン専門店を彷彿とさせる店が徐々に増えてきているという。

上海の旅行会社で働く三〇代の男性はいう。

「おそらく日本の影響でしょうね。以前、中国でラーメンといえば安い食堂のメニューの一つといった印象で、朝食や軽食として食べる人が多かったのですが、最近は具材にこだわり、スープも独自に考案する専門店ができてきました。

中国発のラーメンが日本で進化し、再び別の形で中国に舞い戻ってきた、という感じでしょう。最近ではラーメン一杯六〇～七〇元（約九六〇～一一二〇円）もする店もあり、中国人がそれまでイメージしていた麺料理とはずいぶん趣を異にしてきています」

この男性によると、上海蟹をトッピングした三九九元（約六四〇〇円）の豪華ラーメンも登場して話題になったそうだ。

中国人が知らない「ラーメン模様」は、どこから？

余談だが、日中のラーメン事情について取材していて、気になったことがある。

日本には、昔ながらのラーメン店で見かけるラーメン模様のどんぶりがある。ラーメン模様と聞いてもピンと来ない人がいるだろうが、ラーメンどんぶりの内側や外側の縁をぐるりと囲んでいる四角い渦巻きのようなあの模様だ。

近年、おしゃれな新興のラーメン店では独自のどんぶりを使うため、ラーメン模様はあまり見かけなくなったが、昔ながらの店では今もこの模様のどんぶりを使っているところがある。家にこのラーメンどんぶりがある、という人もいるだろう。

日本人がこの模様のどんぶりを目にすると「ザ・ラーメン」という感覚を抱くが、よく考えてみると、私は中国でラーメン模様のどんぶりを見かけたことがない。中国ではラーメン模様のどんぶりに限らず、「これはラーメン専用のどんぶりだ」という決まったものも存在しない。

自分が見かけたことがないだけなのか、中国には存在しない模様なのか——。調べてみると、この模様は日本発祥であることがわかった。

一九一〇年、浅草で日本初のラーメン店とされる「来々軒」がオープンしたが、当初はラーメンを食べる際も親子丼などで使う和食用のどんぶりを使用していた。しかし、次第にラーメン人気が広がり、浅草・かっぱ橋にある陶器卸専門店が専用のどんぶりを作ったのが最初だといわれている。

このどんぶりの模様で、ラーメンを思い浮かべるのは日本人

ラーメン模様は雷紋《らいもん》と呼ばれる図柄で、古代中国では魔除けの意味があるとされる。ほかに唐草模様や「喜」の漢字を横に二つ並べた「双喜模様」、龍の模様などもある。店によってはラーメン模様と龍

の模様の両方がデザインされたどんぶりもある。

これまでじっくりラーメンどんぶりの内側や外側を観察したことはなかったが、確かにそれらの模様があるだけで、日本人にはそれが「ラーメンどんぶり」だとすぐにわかる。日本で生まれ育った人なら、ラーメンどんぶりにうどんを入れて食べようと思う人はほとんどいないだろう。もしそうしたら「何となく落ち着かない」と思うはずだ。

「いかにも中国らしい模様だから」という理由で広がったラーメンどんぶりは、今も中国人が知らないところで、多くの日本人に見るだけで「ラーメン」を想像させる。

インスタント麺は駅や空港で食べるもの

二〇一八年から一九年にかけ、NHKで放送された『まんぷく』というドラマが話題となった。

ドラマのモデルとされるのは台湾出身で日清食品創業者である安藤百福氏だ。インスタント麺の開発にまつわる苦労話が感動を呼んだが、ドラマの放送中、私はドラマとからめた雑誌の企画で、中国のインスタント麺事情について取材したことがある。

中国では台湾系食品メーカーの康師傅《カンシーフ》がシェアの四割を占め、スーパーのインスタント麺コーナーで幅を利かせている。

中国では赤や黄緑など、鮮やかな原色のパッケージが多く、味も日本とかなり異なり「中華風海鮮味」や「辛い牛肉味」「麻婆茄子味」などが人気。日本からの逆輸入で「豚骨味」などもある。袋麺の場合は五個入りパックなど日本と同じような形態で売られている。

ちなみに、中国語ではインスタント麺（カップ麺も含む）のことを「方便麵」（便利な麵）と呼ぶ。最近では、カップ麵の容器の中に折り畳みの小さなフォークが入っていることが多く、お湯さえあれば外でも手軽に食べられる。

近年、食事の多様化やデリバリー・ビジネスの普及でインスタント麵の売り上げは落ちているが、彼らが自宅やオフィス以外でインスタント麵をよく食べているのは空港やターミナル駅だ。

中国の主要な空港や大きなターミナル駅、高速鉄道の車内にはほとんど給湯器が設置されており、無料でお湯をもらえるからで、給湯器の前でインスタント麵にお湯を注ぎ、立ったまま麵をすすっている中国人をときどき見かける。

中国の友人によると、以前は空港内のレストランが高価でまずかったため、カップ麺を持参して食べる人が多く、その習慣がいまだに残っているのではないかという。いざ出国というときに「さあ、カップ麺で腹ごしらえだ」というのは日本人から見れば不思な感覚だが、空港内の売店では今でもカップ麺が売られている。

また、空港で無料のお湯がもらえることもあって、中国人は海外旅行や国内旅行に行く際、マイボトルを持ち歩く人が多い。二〇一五年の爆買いブームのときにも、中国人が日本の保温ボトルを大量に買って帰ったことが話題になった。中国にも中国製の保温ボトルは売っているが、日本製は気密性が高く、軽量でデザインも優れていると評判だったのだ。一家に五個、六個と保温ボトルがあるという人も多い。

中部国際空港の担当者によると、中国人が出国手続きをする際、マイボトルの中身を大量に捨てるために、液体専用のごみ箱を設置したということだ。

「なぜ日本には給湯器がないのか?」

中国人は日本人と比べて、とにかくよくお湯を飲む。若者を見ると、ふだんの外出でマイボトルを持ち歩く習慣は次第になくなってきているようだが、中高年では内陸部に行けば行くほど、その確率は上がる。

中国人になぜそんなにお湯を飲むのかと聞くと「習慣だから」「のどのため」「身体にいいから」などの答えが返ってくる。北京や東北地方の人に聞くと「北のほうは乾燥しているので、常に水分でのどを潤すことが必要」という。

漢方医学の観点から見ても、冷たい水ではなく温かいお湯を飲み、身体を芯から温めることはよいことであり、さまざまなドリンクが選べるようになった今でも、それを忠実に実践している。

カバンに入れて持ち歩く人もいるし、手にマイボトルとスマートフォンだけを持って外出する人もいる。以前はタクシーに乗ると、必ずといっていいほど運転手はお湯を入れたボトルを常備していて、運転しながら四六時中飲んでいた（昔は保温ボトルがなかったので、コーヒーの空き瓶などを利用していた）。

そうした中国人にとっては「当たり前」の習慣があるので、来日した際も彼らは常に給湯器がある場所を探し求めている。昔の人気アニメに『母をたずねて三千里』という番組が

中国の「給湯器」。日本にはないので、中国人は困っている

あったが、私から見ると、中国人は「給湯器を求めて三千里」と表現してもいいくらい、お湯が大好きだ。二〇一五年、中部国際空港で「中国人から何を最もよく聞かれるか」と中国担当の案内係に尋ねると「給湯器がある場所です」と即座に返された。

当時、空港に給湯器は設置されていなかったが、そうした声があまりにも多かったそうだ。

だが、日本人にはお湯を常に携帯する習慣はなく、日本の多くの空港や新幹線の駅には給湯器が設置されていない。旅行で来日した中国人の中で、そのことを知らない人は「なぜ日本の新幹線には給湯器が設置されていないのか？」「日本人は一体どうしているんだ！」と疑問に思うことが多いようだ。

私は二〇一八年に香港から北京まで約九時間、高速鉄道に乗って旅行したが、すべての車両の連結部分には必ず給湯器があり、トイレに行くたびに必ず誰かがマイボトルにお湯を入れていた。

長距離列車の中で、あまりにも多くの乗客が小さな給湯器に群がるので「お湯の供給は大丈夫だろうか?」と勝手に一人でヒヤヒヤした。

スイカは欠かせない果物なのに……

中国人はどの地方の出身者も果物をよく食べる。日本人の果物の消費量は年々減少しているが、日本に比べて中国の果物は種類が多く、値段もかなり安い。「果物は身体にいい」「水分補給ができる」と考える中国人にとって、生活に欠かせないものだ。

とくにスイカは中国人にとって最も身近で、夏場は毎日食べるといってもいい。河南省出身で、東京の大学で学ぶ二〇代の女性は、初めて日本のスーパーでスイカを見たときに仰天した。

「あれはスイカの値段でしょうか? 日本の果物はなぜあんなに高いんですか?」

その女性が育った地域では、かつてスイカは一個数元で買えるほど安いものだった。現在では一個五〇元（約八〇〇〇円）ほどするところもあり、相当値上がりしているが、東京では八分の一サイズでも四〇〇〇円ほどするので、やはり中国のほうが圧倒的に安い。

その女性は「日本では高すぎて買えない。中国では毎日食べていたのに……」と嘆く。

中国系メディア、レコードチャイナ社長であり、映像作家としても活躍する任書剣《にんしょけん》氏に「スイカの思い出」を聞くと、懐かしそうに語ってくれた。

「来日当初は奈良県で生活していましたが、スイカが数千円もして驚きました。私が育った南京では、スイカは一個、二個で買うものではなく、一度に一〇個二〇個と買うものだったんです。

私が幼いころは確か一個一元以下でした。夏に食欲がなくてもスイカなら食べられます。半分に切って、そのまま豪快にスプーンで食べるんですよ」

出身地が違う何人もの中国人に話を聞いてみたが、「子どものころは一人でスイカの半分を食べていた」という共通体験が非常に多かった。

先に納豆のエピソードを聞かせてくれた陸氏も「子どものころ、親はスイカを一度に一〇個以上買ったものでした。コンコンと叩いて、鮮度を確かめてから買います。麻袋に入れて

スイカを1人半分食べるのは中国では普通。日本の高額なスイカに驚く

ベッドの下などで保存して、食べごろになったら一個ずつ取り出して冷やして食べました」という。

そういえば、日本でも、昔は台所や風呂場のたらいなどに冷たい水を張り、スイカを丸ごと冷やして、家族や近所の友だちと食べるのが夏の風物詩だったことを懐かしく思い出した。

今では中国も核家族化し、都市部では一度に何個も買うような人は少なくなったが、内陸部の田舎に行けば「大量買い」はまだ多い。

広東省などの工場地帯に行くと、社員寮の脇のささやかな空き地に畑を作り、スイカを栽培している工員をよく見かける。田舎では、夏にトラクターの荷台いっぱいにスイカを積んで売っている光景もまだ見られる。

東京都内で庭つき一戸建ての家を買った友人は「これでやっと我が家でスイカを育てられる」と目を輝かせていた。

上海市内の大手スーパーの生鮮食料品売り場では、真冬を除いてほとんど一年中スイカが売られている。たいてい一個売りか半分売りだ。中国の大都市でよく見る果物専門店チェーン「百果園《バイグオユエン》」や、街の果物店でも同じように売られている。

日本の野菜は工業製品みたいだけど、やっぱり安心

中国の青果売り場が日本と最も異なるのは、果物と野菜は一斤（五〇〇グラム）当たりで計算する量り売り方式という点だ。前述した市場の納豆も量り売りだったし、餃子専門店でもかつては一斤単位で販売しているところがあった。

中国人はこの計算に慣れているが、日本では精肉店など以外ではほとんど使わないため、一見しても、どのくらいの分量でいくらなのか、よくわからない。

量り売りの利点は、自分で品物を選び、好きな分量だけ購入できるという点だ。前述の大学院生はいう。

「日本では野菜も果物もほとんどパックに入っていて、自分の手で触れることができません。とくに野菜は全部同じ大きさで、まるで工業製品みたい。きれいだけど、消費者に選択する余地がない。こうした販売方式はとても日本人っぽいやり方だと思います。

中国では、自分で好みのものを選んで、好きなだけ袋に入れます。日本ではそれができないのが残念だし、つまらないと感じます。違う角度から考えると、日本では自分で確かめなくても、野菜や果物の安心安全が担保されているということですね。安心安全でないものはもともとスーパーには並ばないから、自分で吟味する必要がないのです」

中国の野菜や果物売り場で、顧客が何度も品物に触っている理由がわかった気がした。日本人は、他人が何度も触ったり、鼻を近づけて臭いを嗅いだりした野菜を買うことに抵抗があるが、何でも自己責任の中国人にとって、パック売りで中身を見られない商品のほうが不安だし抵抗を感じる。

中国の青果売り場では、キュウリの端で花が咲いていたり、トマトにヘタや葉がついていたりする。曲がったり、泥がついていたりするもの、熟しすぎた果物もそのまま売られている。

市場ではなくスーパーなのに、その場で商品の果物をかじって味見している人までいて驚くが、なぜか、そんな自由すぎる客の行動をとがめたり、注意したりする店員は一人もいない。それがいいか悪いかは別として、客自身が責任を持たないといけないのが中国なのだ。

中国でも食文化は変わり続ける

中国では安くて身近だったスイカだが、近年は日本のようにブランド化し、贈答用になっているケースもある。スーパーの果物売り場にきれいな箱入りのスイカがあった。

「南汇《ナンフィ》８４２４」というブランドで、箱に説明書きが入っている。上海市郊外の南汇区で一九八四年から栽培を始めた品種で、二四回もの品種改良によって完成したブランドなので、このように名づけられた。

皮が薄くて甘味が多いそうで、数年前から上海周辺の地域のみで流通している。価格は一個七〇元くらい（約一一二〇円）と、一般的なスイカよりも高い。

「贈り物として人気があるんだよ」と「百果園」の店員が得意げに話してくれたが、中国人の食に対する意識は日進月歩で変わっている。

昨今では「氷入りのタピオカミルクティー」も若者の間で流行している。「冷たいものは身体を冷やすから絶対に飲まない」といわれ、ビールでさえ常温で飲んでいたのが中国人、という認識を持っていたのに、店頭で「氷多め、少なめ」「甘さ控えめ」などの選択ができるようになり、おいしい味を知ったら、ガラリと嗜好も変わった。

デリバリーの店も急増し、競争があまりにも激しいため、差別化に必死だ。「何度か生野菜のサラダを注文したら、店長から手書きのメッセージが添えられていて、『○△様、サラダは健康にいいですね。今度○○ドレッシングも発売しますので、ぜひお試しを』などと書いてある。この次もこのお店で買おうかな、とつい思ってしまう」という話も聞いた。

「中国人は、こうだ」という固定観念は、こんな小さなエピソードからも簡単に覆される。数年後にはラーメン専門店が増えているのみならず、「卵かけご飯が大好物で醤油にこだわっている」「ビールはキンキンに冷やして！」という中国人が現れても、なんの不思議もない。

第2章

ここがおかしい日本の会社

仕事

「日本人のいうことはわからない」は変わったか

私はこれまで日中両国で働く大勢の中国人たちを取材してきた。日本で仕事をしている人はもちろん、中国の日系企業で働く人も、ある程度日本語を解し、日本文化を多少知っている人々だ。

そうした彼らでも、日本企業の仕事のやり方に、ときとして疑問や不満、不安を覚えることがある。最も多いのは日本人的なコミュニケーションについての疑問だ。

私は二〇一三年に『中国人の誤解　日本人の誤解』（日本経済新聞出版社）という本を出版した。

過去最悪といわれる反日デモが起きた翌年で、双方の不満が最高潮まで膨らんだ。そんな時期でも中国の日系企業で働く中国人は取材に応じてくれた。しかし、彼らの多くは日本人上司とのコミュニケーションに悩んだり、憤ったりしていた。

当時はこんな不満の声が聞かれた。

「日本人がやることはいつも唐突に見えます。自分たちは周到に準備し、考えてから行動しているのかもしれませんが、その過程が私たち〝外国人〟には見えず、わけがわからない。日本人の上司がいきなり怒り出すので、こちらが驚いてしまいます」

当時三五歳で、上海の日系企業のＩＴ部門で働く女性、孫月華氏は話した。

同じく上海で、商社の日本人総経理の秘書を務める二〇代の女性はこう語っていた。

「日本人上司はいつも何もいってくれないので困るんです。『あの件よろしく』といわれても、一体どの件なのか……。

困って聞き返すと『そんなの常識でしょ』とか『この前もいったでしょう?』と教えてくれないので、それ以上聞けません。だから、いろいろ推測で仕事をこなしています。私たちから見ると、日本人は説明不足が多い気がします」

さまざまな研修マニュアルなどを読むと、中国人とのビジネスでやってはいけないのは「抽象的で一方的な指示」である。日本人同士ならば「あ・うん」の呼吸で通じることでも、コミュニティの外にいる中国人にはわかりにくいからだ。

最初のうちは「総経理の○△さんのいうことはよくわからない」と思っていても、次第に「日本人がいうことはよくわからない」となり、日本人全体への不信感へとつながる。

逆もしかりだ。日本人も「部下の陳△○さんは何度同じことをいってもできない」と居酒屋で日本人の同僚に愚痴をいう。これがエスカレートすると「中国人は何度同じことをいってもできない」という中国人全体への批判になる。

当時、上海で日系企業などのコンサルティングを行う企業の総経理で、神戸生まれ神戸育ちの華僑、金鋭氏にこの話をすると、日本人的コミュニケーション術は「推測＋期待＋テレパシー」だと説明してくれた。

「こうかな?」と相手の気持ちを推測し、「こうしてほしい」という期待を込めて、自分の意思を態度や表情で、それとなく相手に伝えるのが日本人流のやり方だという。深く納得した。

「空気」という表現が正しいかはわからないが、日本人は自分の気持ちをはっきり口に出さず、態度や雰囲気でそれとなく相手にわかってもらおうとする。相手もなんとなく察することができる。それは互いに似たような環境で育ってきたからだ（中には空気を読めない日本人もいて、KYという流行語にもなったが……）。

ところが、わずか六年の間に日中を取り巻くビジネス環境は大きく変わった。

中国のGDPは日本の三倍近くまで膨れ上がり、中国系企業の日本進出も加速。日本の中国系企業で、中国人駐在員の部下として働く日本人のローカル社員も増えている。ファーウェイ、アリババなど中国発のビジネスが世界中で注目されるようになった。

一方で、中国の日系企業の存在感は薄れ、日本人駐在員数は減少。駐在員の年齢は若返っている。中国の日系企業では中国人幹部が経営を担うようになってきており、現地化が進んでいる。

コミュニケーション・ツールも劇的な変化を遂げた。中国ではスマホが生活必需品となり、ウィーチャット（微信《ウェイシン》）が主な連絡手段となった。

ではビジネス環境の変化により、日本人と中国人の仕事上のコミュニケーション・ギャップはどのような影響を受けたのだろうか。

日系企業内でも立場が逆転している

二〇一九年夏、再び上海に金氏を訪ねた。金氏はその後フリーランスとして独立し、引き続き日中の人材ビジネスに携わっている。

「確かにツールは変わりました。数年前まで中国人同士はQQというアプリで交流していましたが、今ではウィーチャットに変わり、中国関係の仕事をする日本人にとってもウィーチャットは必要不可欠なものになりました。ただし、ツールが共通になって連絡はしやすくなりましたが、コミュニケーションの難しさという点ではあまり変わっていません」

むしろ、ややこしくなっている面もあるという。

以前、日系企業は中国で生産し日本に輸出するというパターンが多く、中国に住む日本人は日本だけを見て仕事をしていた。日中の経済格差があった時代は、日系企業の中でも日本人が上、中国人が下という暗黙の関係があり、中国人もそれに仕方なく甘んじていた。

それが今では、日系企業の得意先は中国になり、日本人が中国人に気を配らなければならない場面が増えてきた。日本人と中国人の立場は対等か、逆転することも多くなった。しかし、そうした変化に気づけない（あるいは、気づきたくない）日本人は、従来と同じように中国人に接し、コミュニケーションに支障をきたしているという。

金氏は以前、中国関係の仕事をする日本人に「中国人的なコミュニケーション」について話をする機会が多かったが、最近は中国の日系企業で働く中国人にも「日本人的なコミュニケーション」について解説している。中国人も日本人に歩み寄り、その考え方を理解してほしいと感じているからだ。

面倒なのが、日本人上司への気遣い

金氏が中国人によく話している内容を教えてもらった。

一つ目は前述した「推測＋期待＋テレパシー」。中国人社員は、日本人的なコミュニケーションがあることを理解し、日ごろから「よく確認すること」の重要性を説いている。

二つ目は「日本人の村意識」だ。村には決まり事がたくさんある。たとえば朝礼や夕礼、社是の唱和など、中国人からすると一見意味がないと感じられることがあるかもしれないが、ルールを守ることの重要さを丁寧に説明する。

三つ目は「心遣い」。これが中国人には最も理解しにくいことだが、日本人がいちばん気にかけている部分だという。

三つ目について具体的な事例を聞いた。

午後六時から社内の宴会があるとしよう。日本人の総経理は用事で二〇分ほど遅れるから、皆は先に始めていてくれという。中国人の部下はいわれた通り、先に白酒《バイジウ》で乾杯し、宴会を始めた。指示通りにしただけだが、なぜか到着した総経理はどことなく不機嫌で表情は硬い。

そんな総経理の態度や表情に、中国人部下は一向に気づかず、宴会はそのまま続く――。

このようなシチュエーションだ。

日本人なら、なぜ総経理が急に不機嫌になったのか、ある程度は推察できる。確かに「先に宴会を始めていてくれ」といった。だが、心の中で「二〇分くらいなら待っていてくれるかな。自分は総経理だし」とも思っていた。ところが、そんな淡い期待は裏切られ、部下たちはさっさと宴会を始めているだけでなく、乾杯も済ませ、自分の皿には料理も取り分けられていない。

そうした「気遣いのなさ」が不機嫌の原因となり、総経理にはわだかまりとなるが、気がつかない中国人社員は、次も同じことを繰り返してしまう……。

金氏は「仕事はもちろん大事だが、日本人が気にかけているのは心遣い、気遣い、姿勢」の部分だという。相手のことを気遣っている、あなたのことを気にかけていますよ、という気持ちをはっきりと表すことが大事なのだ。

たとえば、残業を終えたとき「お疲れさまでした」と上司の机の前まで行って明るく声をかけるだけでも、心証は全然違うという。

「日本人が求めているのはそういうところ」だと金氏は指摘する。

この「気遣い」の欠如による総経理の心理状態を中国人に解説すると、彼らは「ええ？総経理はそういうふうに思っていたのですか？」と、とても驚くそうだ。

わが社の始業時間、本当は何時ですか？

日本の大学院を出た陳悦氏は、そのまま東京都内の金融機関に就職して三年になる。

「私の上司は重要な話をするとき、会議室に呼び出して必ず二人だけでします。そこで私に注意するのですが、わざわざ別室なのに、話が回りくどく、何がいいたいのかよくわかりません」

陳氏が「つまり、こういうことですか？」と確認すると、上司は露骨に嫌な顔をする。

「私が聞いたことに正面から答えてくれないことが多くて、『そんなこと、自分の口からいわせないでよ。日本に長いんだから、いわなくてもわかるでしょ?』という態度です」

ちなみに、陳氏は私が知る在日中国人でもかなり日本語が流暢で、物事には敏感なほうだ。

「いわなくてもわかる、が日本人の美徳だということは、私にも理解できます。それは日本人のいいところでもあります。でも仕事上のことは、白黒はっきりいってもらわないと……。私が誤解したまま仕事を進めているかもしれないので困ります」

陳氏は悩み、最近では中国に本格的に帰国することすら考え始めている。

都内の食品関連企業で働く二〇代の楚芳氏には、日本企業の〝始業時間〟が理解できない。

「うちの会社は朝九時が始業なので、入社直後は八時五五分くらいに出社していました。自分ではちょうどいい時間だと思っていたのですが、慣れてきて周囲に聞くと、みんな八時二〇分か、遅くとも八時半には到着しているというじゃないですか。中には朝七時に出社している人もいるそうです。フレックス制でもないのに、なぜそんなに早く会社に行くのでしょうか」

楚氏が同僚に聞くと、逆に驚いたという表情で「上司がそうしているから」「ギリギリに来ると気まずいし、早めに着くのが常識だから」「パソコンを立ち上げたり、机の上を整理したり、朝の準備があるでしょう?」と答えたという。

「そんなことは会社の規則を見返しても一行も書いていません。知らなかった。それってサービス残業では?と思いました」と楚氏はいう。

日本では、始業前に身の回りを整えるのも、広い意味で仕事の範囲だ。ただ、仕事の範囲ではあっても、始業時間よりも前に済ませておくのが慣習になっている会社は多い。なぜそうするのかといわれても、多くの人は明確に理由を答えられない。

ただ、ほとんどの日本人は誰もそれを〝サービス残業〟だとは思っていない。

始業時間について取材すると、同じように疑問や違和感を抱く中国人が何人もいた。昨今は日本人でも同じような感覚を持つ人が増えているかもしれないので、この事例一つで一概に「外国人だからそう思う」というつもりはない。

日本人同士でも二〇代と五〇代では「常識」はかけ離れているが、これから日本企業の中に外国人社員が増えていくことを考えると「どこまでが常識の範囲なのか」はますます難しい判断となる。

「お手すきの際に」は、具体的にいつ？

中国人にとって日本人とのメールのやりとりは、まさに「推測＋期待＋テレパシー」の連続だ。日本語でメールを書くだけでも大変だが、難しいのは業務内容に関しての返信ではなく、その前後につけられている日本語特有の表現をどう解釈するかだ。

北京の日系企業に勤務する三〇代の魏小燕氏は、東京本社から送られてくる日本人のメールにいつも困惑する。最も苦手なのは「お手すきの際にご返信……」という一文だ。

これまで何十回も受け取った。日本語の意味はもちろんわかるが、「お手すき」と書かれた場合、果たしてどのくらいで返信すべきなのか、メールを書いた日本人は皆同じ感覚なのか、よくわからないという。

「今週は忙しいから何日も返信しなくてもいいのか、または今日中に返信しなくてもいいという程度なのか、わかりにくい。日本語がわかる中国人の上司に聞くと、『明日返事するくらいでもいいのでは？』といわれましたが、そのくらいが〝正解〟ですか？」

魏氏に聞かれたので「正確にはわからないが、すごく急いでいるわけではないと思います」と答えた。私自分自身はせっかちなので、このフレーズは使わないが、深く考えず、つい習慣でこうした表現を使う日本人もいる。

前述の金氏にこの話をすると、「お手すきの際に、という表現は最も『推測＋期待＋テレパシー』に当てはまるダメな表現です」と断言された。送信した側は、相手にプレッシャーをかけないようにしているのかもしれないが、相手の受け取り方は千差万別。曖昧な表現はやめたほうがいいという。

自ら「お手すきの際に」と書いた日本人は、相手に猶予を与えておきながら、「推測＋期待＋テレパシー」で、早めの返信を心待ちにしている。そのうえ、日本人はあまりリマインド（再確認）しないので、二、三日経っても返信がなければ苛立ってしまう。

メールのccにすらある不思議な序列

中国人には「……していただけたら助かります（幸いです）」という表現も理解しにくい。「～～してください」と違って、「やるのか、やらなくていいのか」、意味の受け取り方に個人差が出てしまう。

日本人は、相手が外国人であることを忘れて曖昧な表現をするが、日本語の行間の意味を深く考え込む中国人は混乱するばかりだ。文章が長くまどろっこしいので、余計にストレートではない表現は理解しにくい。

同じ漢字圏で東アジア出身である中国人でさえこう思うのだから、それ以外の国の出身者にはもっとわかりづらいだろう。

メールについて中国人が不思議に思うものがもう一つある。ccの宛先が多すぎること、そしてccのアドレス順に、日本ならではのこだわりがあることだ。

中国では、日系企業は日本とのやりとりがあるのでメールを使うが、中国企業との間ではウィーチャットで仕事の連絡をすることのほうが多い。ウィーチャットでは仕事のプロジェクトごとにグループを作って連絡するため、自動的に表示されるグループ内の名前の順番に意味はない。

しかし、メールは自分で宛名に順番をつけることができる。日本企業や日系企業の中には、宛先のみならず、ccにもアドレスを打つ順が決まっている場合があり、その点に驚く中国人は多い。しかも、メールのアドレスをいちいち「～～様」と入力し直す細かさに疲れ果てるのだ。

二年前まで上海の日系広告会社で働いていた男性は「本当に連絡しなければならない担当者は一人だけですが、いつもccには同じチームのメンバー一〇人くらいが入っていました。その方々からは反応がないので、見ているかわからないのですが、メールの順番にも上下関係があることを初めて知りました」と話していた。

日本でも、メールの順番や宛名にはこだわらないという業界や会社もあるだろう。世代によっても感覚は違う。あくまでも一部の日本企業の「暗黙のルール」だとは思うが、「内容や意味合いよりも形式にこだわる点こそ、日本人が重視するところだと理解するようになりました」と彼は話していた。

仕事ができない人が、なぜ会社で威張るのか

「日本企業は下の人に合わせるんですね……」

都内の大手企業に勤務する呉桐氏は語る。新入社員研修を終えて配属された部署は、人事系の部門。直属の上司は仕事に厳しかったが、呉氏を丁寧に指導してくれ、「自分は愛情深く育ててもらっている」という実感を持ちながら、懸命に仕事をしてきた。

「入社一年後、周囲を見渡す余裕ができると、『仕事があまりできない人もいる』ことに気がつきました。8：2の法則というそうですね。大企業でも優秀な人は少ないと思いました。

それ自体は仕方がないのですが、日本企業は仕事のできない人にかなり甘いことにも気づきました。仕事ができなくても、見て見ぬふりをするというか……。

人事や研修など、やり方次第で本人を傷つけないで意識を変えることもできると思うのですが、仕事ができない人のほうはそんな自覚は一切なく、逆に社内で威張っているようにさえ見えます」

上海の日系企業で総経理を務める中国人も、日本企業の社員に対する甘さを指摘する。

「業務の内容によっては向き不向きもあると思います。でも、どの部署に行っても仕事ができない人はクビにしたほうがいい。今は簡単にそういうことはできないのでしょうが、上司が本人に何も注意しないのはおかしいと思います。なぜ、部下にそんなに気を使うのでしょうか。

上海にも仕事ができない日本人が転勤でやってきましたが、このままうちで仕事を続けるのか、どうするのか、私は本人と話し合いました。日本で仕事ができない人が中国にきても、仕事ができるようになるわけはありません」

日本に住む中国人からもよくいわれるのは、日本では学校でも成績の悪い人に手を差し伸べる、ということだ。

そうした「手を差し伸べる社会」を「温かい」と思うこともあるが、厳しい競争社会で生きてきた中国人にとっては「生ぬるい」と感じるようだ。

オフィスのデスクで飴をなめてはいけません

二〇一八年、大手企業に入社した黄東氏は日本企業の細かすぎるルールに閉口している。日本企業としても、かなり特殊なほうだと思うが、彼女が勤める会社では、ペットボトルなどの飲み物だけはＯＫで、机の上での飲食は一切禁止だ。飴をなめることも禁じられている。「以前から不思議に思ってきた」そうだが、社則なので守らなければならない。

あるとき、同僚に会社で飴をなめてはいけない理由を聞いてみたが「誰も知らなかった。おかしいでしょう?」と黄氏。

「お昼休みは一二時から五〇分。夕方六時くらいには空腹になって、せめて飴かチョコでも食べたいのですが、それもできない。中国の会社だったら、仕事よりも食べることが大事。夜遅くまで残業しているときは、スマホのアプリでデリバリーを注文し、デスクで食べるか、堂々と近くのレストランに出かけて食べてきます。中国人は空腹だと全然仕事がはかどりませんから。お菓子も食べちゃダメだなんて非人間的ですよ」と笑いながら話す。

ちなみに、黄氏は入社二年目だが、大事なプロジェクトのチームに入り、朝八時半ごろから夜八時ごろまで働く。大学の同級生が就職した中国の地元企業では、昼休みは一時間半もある。中国の企業では休憩時間が一時間以上というところは珍しくない。

「友人は昼食後、机で昼寝をしていると話していました。昼休みが長いので、食後に会社の周辺を散歩することもあってリフレッシュできるとか。私はそこまでは求めませんが……」

日本の社員寮は監視社会？

黄氏が「納得がいかない」のは社員寮についてだ。男子寮と女子寮が別々にあり、独身者が入居している。寮の入り口には管理人がいて、その横にすべての部屋番号が書かれたプレートがあり、帰宅したら「在室」と自分で表示し、出勤するときには「外出」にするという決まりがある。

「出張のときにはプレートを出張という表示にします。プライベートな時間に、自室にいるのか、いないのか。すべて表示しなければならない理由がわかりません。安否確認のためでしょうか。日本の社員寮は監視社会？と驚きました」

寮の部屋にはテレビも冷蔵庫も基本的にはなく、ベッドと棚しかない。家電製品を自分で購入する際は申請書を出さなければならず、詳しく商品名などを書く必要がある。

「高校生ではあるまいし、それも理解に苦しむ点です」

「最も悲しかった」のは中国に住む母親が寮に入れてもらえなかったことだ。この会社の寮は親族も同性の友人も立ち入り禁止で、許可申請もできない。日本で就職した娘がどんな部屋に住んでいるのか、心配で中国からやってきた母親に見せてあげたかったが実現できなかった。「規則は規則だから」と管理人からいわれたという。

仕方がないので部屋や廊下、寮の食事などの写真を見せて、母親を安心させた。

ある商社に勤務する二〇代の中国人男性、段徳氏も独身寮に住んでいる。彼の住む社員寮も、同性の友人も含め寮内に立ち入ることはできない。寮は駅から徒歩二〇分という不便な場所にあり、ふだんは駅までバスに乗って通勤している。

ある日、豪雨だったため、同僚とタクシーを呼び駅まで乗車したことがあったが、なぜかそれが会社の人事部に知られて注意を受けた。

「タクシー通勤なんて贅沢ですよ。社員寮から駅までのタクシー乗車は禁止します。バスか徒歩で行ってください」といわれてしまった。

「あとでわかったのですが、社員寮の近くの住人が、タクシーに乗るところを見ていて会社に連絡したそうです。経費を使ったわけではないですし、仕事も忙しいし、短距離のタクシーに乗るくらい別にいいじゃないですか。まさか会社からそんなことをいわれるとは思いませんでした」

ここで紹介した例は、日本人から見ても、かなりのレアケースだと思うが、一般的に中国人社員の目から見ると「日本企業のルールはあまりにも厳しすぎる」「ルールのためのルール」「論理的ではない」「世間の目ばかり気にしている」と映るようだ。

前述した金氏が、友人から聞いた話として、こういっていたことを思い出した。

「日本企業は江戸時代の〝藩〟と同じだと考えたらわかりやすいと思います。自分を犠牲にしてでも藩の規範を守ることが何より大事だし、お殿様のために皆が一致団結して奉公する。そういう日本的な価値観は、昔とあまり変わっていないのだと思います」

「日系には信頼性がある」という古い意識

本章の冒頭で紹介した孫月華氏はあれから日系企業に二回転職し、現在は日系の大手メーカーに勤務している。六年前のインタビューでは「日本人がやることはいつも唐突」と話していたが、現在はどう思っているのか。

「何も変わっていません。私は日本の大学院に留学して、日本の大手企業の子会社で六年間働き、その経験をアピールして上海にUターン就職したのですから、日系でしか働けない。

日系にいるかぎり、いつも同じ問題に直面せざるを得ないと思っています」と話す。

彼女は四〇代になり、ＩＴ部門の中間管理職となった。会社の規模は大きく、上司も部下も中国人だ。上司の上に日本人駐在員がいるが、彼女が日本人と接触する機会は以前に比べて減った。

最近は日本への留学経験がない部下から頼りにされ、悩みも聞かされている。

「部下が取引先の日系企業へのプレゼン資料を作り、私もチェックしましたが、なかなかいい資料でした。でも、彼が取引先から帰るとしょんぼりしていました。先方の日本人担当者から『あなたの日本語は意味がよくわからない。次は話が通じる日本人をよこしてください』といわれたそうです。私が見るかぎり、彼の日本語に大きな問題はありません」

孫氏によると、日系は日系の取引先を使いたがる傾向もあるという。

「他の業界もきっと同じでしょうが、日系は中国系より相対的に料金が高めなんです。その上、完成した製品の微調整を依頼すると、追加料金がかかるといわれます。そもそもうちの会社にいる日本人の最初の指示が曖昧だから、取引先の製品の完成度が低くなるのだと思います。

中国系は追加料金を取りません。現場の仕事は私たち中国人がほとんどやっているので、料金が高い日系ではなく、安くて融通が利き、何度でも修正してくれる中国系に頼みたいと日本人の上司に訴えるのですが、『日系には信頼性がある』とか『昔からあの会社とはつき合いがあるから外せない』『中国系はいい加減』といって、取引先の見直しを検討してくれません。

上の立場にいる日本人同士が、同じ駐在員用のマンションに住む近所同士だからとか、飲み仲間だからでしょうか。それなら、私たちはもう何もいうことはありません」

話し始めるうちに孫氏の顔は怒りで紅潮していった。

どの部署が、いつ、何を間違えたか追跡できない

羅聖傑氏は、上海から車で一時間半ほどの江蘇省太倉市にある蘇州合田刺繍という日系企業の総経理だ。日系ではあるが、羅氏は一九九〇年代前半の創業時に入社して以来、二〇年以上会社を引っ張り続けてきた。本社向けの仕事は三割弱で、中国で独自に新規顧客を開拓し、現地化に成功し、拡大している。

羅氏は日本語が流暢なので日系の取引先とももちろん日本語で商談するが、日本人の顧客とのつき合い方は、「日系同士だから」という暗黙の雰囲気があるという。

中国系との仕事なら、細かい業務は現場の担当者に任せているが、日系の仕事で何か起きた場合、取引先の日本人トップから羅氏へ、下に話をつけてほしいという依頼が入ることがある。羅氏はきめ細かく対応して双方の仕事がうまく進むようにサポートしているが、常々、日中の仕事のやり方の違いを感じているという。

「中国系の場合、各部署がバラバラですが、何か問題が起きたときは、どの部署で、どの段階で間違いが発生したのかが比較的追跡しやすい面があります。

日系の場合、各部署の業務はそれぞれつながったり、重なったりしている部分があり、情報共有という点ではいいのですが、問題が起きたとき、どの段階で、何が原因で発生したかはわかりにくい面があります」

これは日本国内の業務でも同様だろう。

日本企業では責任の所在が明快でないと指摘されることがある。日本企業は単純作業などでも申し送りを重視する。担当が変わっても、話が通じるようにするためだが、中国に限らず、海外の企業では、各自の仕事の範疇は明確に線を引く。

前述の孫氏や羅氏の会社の話ではないが、海外で働く日本人は、仕事相手が「日本人」というだけで信用してしまうことがある。たとえば、代金が未払いなのに、相手が日本人だと気が緩み、商品を渡してしまうなどのトラブルも発生している。

中国の日系企業は、中国的な仕事の進め方と日本的な仕事の進め方の〝はざま〟に位置している。そこでどのようにして双方のよいところを生かし、折り合いをつけ、現地のビジネスで成果を上げていくかは、古くて新しい問題であり、現地の経営者も頭を悩ませている。

取引先よりも社内を見て働いている

上海出身の苑天新氏は日本に留学後、上海に戻って日系企業に数年間勤務したが、現在は同じ業界で独立、起業している。彼は日系企業の社員だったときの違和感をこう振り返る。

「私がいた会社はあまり利益が出ていなかったので、営業の経費をあまり使えませんでした。でも、営業担当は、ある程度経費が使えないと仕事になりません。経費が使えないのに売り上げを伸ばさなければならない苦しい状況でした。

日系はどこも同じですが、社内に細かいルールや規定がたくさんあります。日本のルールをそのまま中国に持ち込んでいるのです。たとえば、たった一〇〇元（約一六〇〇円）の経費でも事前に上司の許可が必要とか、申請書類にたくさんのハンコが必要とか、あまりにも細かすぎる。こうしたやり方は、決め事が好きな日本人には合っているかもしれませんが、中国人の性には合いません」

苑氏は話し続ける。

「中国人は自分のことをもっと信用してほしいのです。ある程度、自由な環境で伸び伸びやらせてほしい。そうすれば俄然、モチベーションが上がり、新しいアイデアも出てきます。

何でも好き放題やらせてほしいといっているのではなくて、デッドラインを決めればいい。そこまでは本人の裁量に任せる。経過報告もきちんとする。最後の手綱は上司が握っていて、可能な範囲内で自由に走り回らせてくれれば、中国人はきっと能力を最大限に発揮できます。

日系企業のルールで縛るやり方は、社員を子ども扱いして、型にはめ、相手を信用していないようにしか見えません。私が知るかぎり、ルールが厳しすぎるから裏道を探す、不正を働くという日本人もいます。

ルールを決めるのは簡単ですが、それさえ守っていればいいというのでは、会社は発展しません。日本人は常に取引先や顧客ではなく会社の中を見て働いている、というのが、私が日系企業に勤務して痛感したことです」

苑氏の率直で厳しい言葉は、私の胸に強く響いた。

日本は公平社会、中国はコネ社会？

日本人は総じてコネという言葉にポジティブなイメージを持っていない。悪いというわけではないが、「正当なルートではない」というネガティブなニュアンスがある。

そのうえで、日本人は中国のことをよく「コネ社会」だという。

中国は法治国家ではなく人治国家である。世の中を渡っていく上で、あの国では何よりも「関係《グアンシ》＝コネ」が重要だ……。

こんなイメージを多くの日本人が抱いている。

「関係」に加えて「背景《ベイジン》」（バックグラウンド）も大事だといわれる。いわゆる「後ろ盾」のことだ。事実その通りのことが多く、受験や就職に関しても、これらがなければうまくいかない面はまだたくさんある。

もちろん実力がいちばん大事なのだが、人口が多すぎる社会で、同じくらいの能力の人はいくらでもいる。複雑な戸籍制度もあり、中国に住む人は皆「中国は平等だ」とは思っていない。

二〇一二年に出版した拙著『中国人エリートは日本人をこう見る』（日本経済新聞出版社）でも、私は取材に基づき次のように書いた。

「（日本では）自分の努力しだいで人生を切り開いていける。強いコネがなくても、純粋に仕事をがんばっていれば、ある程度は出世の道が開ける。他人とフラットなつき合いをしていれば普通に生活できる。そんな日本人がうらやましい。日本人は本当に幸せだと思います」

当時二五歳の男性が語った言葉だった。彼が「日本は公平、フェアで、中国の格差社会は固定化されている。一発逆転はしにくい社会だ」と話していたのが印象的だった。

確かにその通りだと私も思う。

現在、日本に住む中国人の中には経営管理ビザを取得して、日本で起業する人が増えているが、日本人は「中国人が作った会社」であっても、それだけであからさまに差別することはなく、外国人の起業について政府が制限をかけているわけでもない。大学が留学生の入学者数の上限を決めているわけでもない。

日本に比べれば、人と人の関係が重視され、政府とのパイプがないと何事も進まない中国では、外国人が何かを始めることは難しかったし、中国人であっても、コネや後ろ盾が何もない人は非常に生きづらい世の中だった。

ウィーチャットがコネ社会を変えたわけ

だが、近年、中国社会はＩＴによって、思いもかけない変貌を遂げた。ウィーチャットという手軽な連絡手段ができたことで、コミュニケーションだけでなく、仕事の進め方や社会の価値観も変わってきたのである。

三〇歳になる張成氏は、私がこれまでに書いてきた著書にしばしば登場する。日本の大学院に通いつつ、二〇一八年から在日中国人が経営する企業に入社した。日本に住んで八年。

社会人の一員となった彼は、コネ社会について意外な意見を聞かせてくれた。

「日本人は、中国人とほとんどつき合ったことがない人でも『中国ってコネ社会なんでしょう?』と少し悪いニュアンスで私にいいますけど、私から見ると、日本も相当なコネ社会だと感じます。

たとえば、新しく仕事の関係を構築したい場合、『とりあえず食事しましょう』とか『一度お茶でも飲みましょうか』と声をかけてくる人がかなりいます。何度か会って雑談をしながら〝探り〟を入れ、それでお眼鏡にかなったら、やっと本題の仕事の話に入るので時間がかかります。

それに日本企業は相手の『格』を見ますね。そこで、自分たちの会社が上か下かを把握して、立ち位置を考える。

できるだけ安定した大手企業と取引したいという心情はもちろん理解できますが、不安要素が少しでもあると、なかなか取引を始めず、新しいビジネスに挑戦できない。旧態依然で膠着化していると思います」

確かに私が取材するかぎりでも、新規の取引先には慎重な企業が多い。大手には系列があり、下請け企業もだいたい決まっていて、新規取引先と仕事をすることを「挑戦」ではなく「リスク」と考える。その傾向は年々強まっているように感じる。

張氏によると、中国企業は「とりあえず食事」というような回りくどいことはせず、いい企業を見つけたら、単刀直入に仕事の話を持ちかけてくることが多いという。「中国はものすごいスピードで変化しています。数年前の常識は、今の常識ではありません。

以前と比べて仕事の内容や求められるレベルも変わっていく中で、新規取引先を貪欲に探さなくては、以前より上がったハードルを超えられなくなっています。

以前は自分たちのコネを辿って仕事に結びつけてきました。コネがないと政府の許可が下りず開業すらできないとか、立地のいい場所に出店させてもらえないなど、スタートアップの段階から明らかに不公平なことがありました。

でも、今はウィーチャットがあり、飛び込み営業がしやすい環境が整ってきています。まったく知らない相手でも、かなり偉い相手でも、実力とおもしろいアイデアがあれば、相手も受け入れてくれ、話がまとまりやすくなってきている。しかも、ファーストコンタクトから仕事の成約までは日本の何倍もスピーディーです」

ウィーチャットを駆使することで、ネット上にやりとりや金銭の履歴が残ることもリスクを軽減させ、新規の取引がしやすくなったのだ。

二〇一七年に出版した拙著『なぜ中国人は財布を持たないのか』（日本経済新聞出版社）でも取り上げたが、アリババのショッピングサイト「淘宝網《タオバオワン》」も、中国の固定化したコネ社会に風穴を開けた。ＩＴの発展によって、何の関係も背景もない人が自らの力で未来を切り開いていけるようになったのだ。

「淘宝」に出店するのにコネや学歴は必要ない。ネット店舗なので政府の許可も必要ないし、大都市に住んでいなくても開設できる。

アリペイなどの決済機能を間に挟むことで、商品販売上のリスクも回避できる。ショッピングサイトでは、どの業者も平等で、商売の経験がなくても、農村に住んでいても、一から商いを始められるようになったのだ。

日中でコネの概念が違っている

コネについて、横浜在住で中国人のインバウンド関係のコンサルタントや中国語講師などを行う「アルテレーゴ」代表の楊芳氏も、同様のことを指摘していた。彼女は中国企業から日本の市場開拓という業務も請け負っており、日中のビジネススピードの圧倒的な違いを痛感している。

「中国企業の場合、まず仕事をして、その半年後に初めて会ったお客様もいます。二月に初めて出会って、四月にはもう仕事を開始している、というケースもありました。

日本では○△業界の仕事に着手するには、まず○△協会の会員企業になってから様子を見てとか、古くからの知り合いの紹介で参入させてもらうとか、コネがあっても時間がかかります。コネを作るまでも大変ですが、中国ではそんなことはありません。

中国ではコネを重視するとよくいわれますが、中国人がいうコネは、日本人がイメージするものよりも範囲が広い。直接のコネがなく、間に三人挟んでもコネはコネ。知り合いに当たってダメなら、別のルートからワンクッション挟んでみる。そういうふうに細いネットワークをつなげていってもコネになります。日本人とはコネの定義や概念が少し違うのでは、と感じます」

中国に住む日本人の友人も、翻訳会社や通訳会社に登録すると、ウィーチャットで仕事の依頼が送られてきて、料金などの条件が合えば、すぐに仕事に着手。終了後は速やかにウィーチャットで料金が支払われるのでシンプルだ、と話していた。

翻訳会社に登録するのに面接や資格は必要ないし、ウィーチャットでの連絡は、やりとりも数分程度。納期と金額の履歴が残り、通帳をチェックする必要もないし、日本のように請求書の発行や契約書類を郵送しなければいけないなど、煩わしい事務は一切ない。仕事が早くてシンプルだと話していた。

日本の場合、業界ごとに、大企業から中小企業まで系列や派閥のようなピラミッドができ上がっていて、閉ざされた世界がある。日本では早くから経済が発展してきたという経緯もあるのだろうが、急激に成長する中国経済のほうがＩＴをうまく取り入れ、旧態依然としたコネ社会を開かれたビジネス環境に転化させている側面もある。

どんなときも約束を厳守する日本人に驚く

「日本人はどんなときも、必ず約束を守りますよね。その律儀さには本当に頭が下がります」

第１章で四川料理について熱く語った李海氏が語る。日本人と中国人のつき合い方の違いについて聞いたときだ。

「あるとき、日本人男性とアポがあったんです。私がお店に着いたのは午後二時四五分。約束は三時。日本人は時間厳守なので、私もいつも気をつけています。ところが着いてすぐに店員さんから『先ほど○○さんから電話があって、今日は急用でどうしても来られないそうです』と声をかけられたんです」

李氏は驚いた。これは日本で最も嫌われるドタキャンではないか。急用とはいえ、もう少し早く教えてもらえたら……そう思って、少し残念な気持ちで帰宅した。

ところが、あとでドタキャンの理由を聞いて大きな衝撃を受ける。奥さんが急に亡くなったというのだ。

「そんなに大変なことがあったなんて……。お気の毒だと思ったと同時に、そんなに大変なときでも私とのアポを忘れず、急いで店に電話をかけてくれたのか、しかも私を心配させまいと理由をいわずに……。なんて冷静沈着なのだと感心しました。中国人だったら、頭が真っ白になって、約束なんてすっかり忘れてしまうんじゃないかな……」

静かに相槌を打っている私に、李氏は口を開いた。

「えっ⁉　この話を聞いて、日本人は驚かないんですか？」

私が驚かなかったことに、彼はまた驚いていた。

緊急事態が起きたら、目の前にある約束を急いでキャンセルするのは、社会人として当たり前の礼儀だ。おそらく多くの日本人は、同じ状況になったらそう思うのではないだろうか。

もちろん日本人同士でも、世代間のギャップなどもあるので、そうした「常識」が通じなくなってきていると感じることはある。飲食店やホテルで「No show 問題（無断キャンセル）」も頻発し、日本人のモラルは低下している。中国人だから、日本人だから、という話では一概にくくれないかもしれない。

だが、中国に出張したことがある人ならば、アポイントの件で悩まされた経験が一度や二度はあるだろう。

都内の大手商社に勤務して四年目の張学氏は、最近、中国に出張する機会が増えた。父親の仕事で小学五年生のときに来日、以来ずっと日本で生活している。日中双方の文化を理解する張氏は、同僚の日本人と中国支社の中国人との間に立つことがしばしばある。

「海外出張の際、日本人はだいたい一カ月くらい前にアポを取りますよね。私の会社の場合、訪問先に優先順位があって、最初に訪ねるのは最重要取引先と決まっています。

でも、最大のお得意様との予定が二転三転して、なかなか決まらないこともある。そういうときは他のアポが入れられず、日本人のイライラが募っていくのがわかります。仕方がないとは思っても、出張の日程は限られるので、確定が遅いと、結局どれかを断念せざるを得ません」

別の大手商社に勤務し、中国駐在経験のある五〇代の日本人男性も苦い思い出がある。

「商社の場合、中国政府関係者との会合や折衝なども多いのですが、中国では、とにかく時間やメンバーの変更がものすごく多いのです。

かなり以前から着々と準備していた地方の市長との懇談会も、当日行ってみたら、市長ではなく副市長に変わっていた、ということがありました。その上、なぜ市長が来られなかったのかという説明もなく……日本からわざわざきた上司は困惑していました」

中国関係の仕事をしている人ならば「よくあること……」と思うが、なぜそういうことが発生するのか、理解に苦しむ。

なぜ中国ではドタキャンが頻発するのか

相次ぐ変更やキャンセルは中国の会社内でも同様なようだ。

二〇一八年に中国の大手企業にヘッドハンティングされ、中国で初めて働くことになった五〇代の日本人は、「部の会議や、経営陣との会議も時間変更や急なアポはしょっちゅうです。朝出社したら、秘書から『一時間後に会議です』と告げられることもあって驚きます。会議には準備が必要だし、午前中にやろうと思っていた業務もある。急だと、その日の予定が狂うんです」

彼は以前、日本を代表する大手メーカーに勤務していて、欧米への駐在経験もある。

仕事に差し支えるため、経営陣にこうしたやり方を改善してほしいと要望を出したが「社長が決めることなのでどうしようもない」といわれた。トップの社長でさえ、政府関係者などのスケジュールに合わせているので、改善したくてもできないのだろう。

社員が数万人もいる大手企業でありながら「社内の体制はいまだに中小企業のような感覚で効率が悪く、常にバタバタなのに唖然とした」という。こうした「行き当たりばったり」的な動き方は、世界的に名前が知られるようになった他の中国企業でもほとんど変わらない。

さらに、その日本人は「日本企業と比べて、無駄が多いと感じることが頻繁にある」と話す。典型的なのは「何でもやってみて、ダメならやめればいい」という考え方だ。

何でもポジティブに捉え、果敢に挑戦するのはいいことだ。先述したように日本企業は慎重すぎるので、中国企業の臨機応変な対応は評価に値するのだが、準備をきちんとしないまま始めて、結局成果が出なかったということが多いという。

私自身も、アポを急に変更された経験は数えきれない。私の場合は商談とは違い、相手にとって優先順位が低いと認識されているのかもしれないが、私自身はドタキャンを避けて、自分の目的（取材）を達成するため、できるだけ中国的なやり方に合わせている。

過去の経験を踏まえ、あまり早い段階では連絡せず、数日前に連絡したり、ＳＮＳでの連絡もこまめに行ったりしている。それでも、よくあるのは次のようなパターンだ。

「五日後に上海に到着します。ぜひお会いしたいのですが、ご都合はいかがでしょう？」

すると相手は、「今はちょっと予定がわからないので、上海に到着したら連絡してください。そのとき決めましょう。ぜひ、会いましょう」と答える。そして到着当日……。

「到着しました。明日の午後はどうですか？」と連絡すると、こんな答えが返ってくる。

「明日は大丈夫だと思います。明朝、連絡をもらえますか。そのとき時間を決めましょう」

ホッとして、当日の朝、再度連絡すると、「すみません。実は急用で杭州（上海から高速鉄道で一時間半）に出張に来ています。今夜には帰るので明日なら大丈夫です」

前夜にそのアポのことはわかっていただろうに……と思うが、次の日は私に別件があり、結局会えずじまいだったという残念なパターンだ。

中国に関わる日本人に聞くと、ほぼ全員が「あるある」といい、同じような経験を持つ。

このようなパターンは頻繁で、おそらく相手に悪気はない。その相手も、上司や取引先が急に仕事を決めるものだから、玉突きでこうなってしまうという悪循環が続いているのだろう。

アポは「会えたらラッキー」くらいに考える

以前、国有企業で働いていた友人も「いつ偉い人から呼び出されるかわからないので、スケジュールは空けておく。誰かと約束を入れられないんです」とこぼしていた。困っているのは中国人も同じなのだ。

前述の楊芳氏にこの話をすると、中国流のアドバイスをしてくれた。アポイントについては「会えたらラッキーというくらいの軽い気持ちで構えていてください」というのだ。

是が非でも会わなければならない、と思うとつらくなるが、中国で仕事をしているかぎり、自分一人で状況を変えることは難しい。

中国のSNSはLINEのように読んだかどうかの「既読」がつかない。だから、相手がメッセージを読んだ上で無視しているのか、あるいはまだ読んでいないのか判断できない。いずれにしろ、メッセージが次々と送られてくれば、自分のメッセージは画面の下にいってしまい、返信を忘れられる可能性も大だ。

「もし、どうしても必要なアポだったら、何度もしつこく連絡することですね。日本人は『何度も連絡するのは気が引ける』とか『ご迷惑だったのかな』と思って心配するのですが、中国ではそんなことはありません。

相手はその人の〝真剣度〟を試している面もあるんですよ。だから、どうしてもこの期間中に会いたいのであれば、その熱意をアピールしたほうがいい。中国人同士もしつこくリマインドします。遠慮していると、そんなに重要ではない用事だったのかな、と相手に思われてしまいます」

中国には中国流のやり方があるということなのだろう。

第3章

贈り物をしたら、なぜすぐに「お返し」をするのですか

人づき合い

「友だちの友だちは、皆友だち」を地でいく人々

「仕事でお世話になった王さんを食事に誘ったら快諾してくれました。彼が好きそうな日本料理店を予約したんです。でも、当日の朝、王さんから『急ですが、一人友人を連れていってもいいでしょうか?』といわれました。OKしましたが、二人だけで話すつもりでいたし、ごちそうしようと思って誘ったので、少し戸惑いました」

知り合いの日本人と話していたとき、偶然このような話題になった。彼は都内在住の五〇代。仕事で中国人と接する機会がある。このときは、担当したプロジェクトが一段落し、個人的に王さんを慰労しようと声をかけたのだった。

私が思わず「あるある、中国の方と食事するとき、よくありますね」というと、知り合いは「わかってもらえますか? 別にごちそうする人数が一人増えたから嫌だというわけではないんですよ」と前置きしながらこういった。

「でも、王さんとしか通じない話題があるでしょう? 一緒に手がけた仕事の苦労話もしたかった。知らない人が増えたら、気を使って話題が変わるじゃないですか。それがちょっと

……。居酒屋ならまだしも、人気店だから当日に人数を増やせるかわからなかったし、少し落胆した、というのが偽らざる気持ちです」

なぜ中国人は食事会で、男性、女性に限らず、別の友人にも声をかけるのか。

私も以前から不思議に思っていたのだが、杭州に住む友人、唐華英氏に久しぶりに会ったのでこの話題を振ってみた。

唐氏は六〇代の女性。二〇代のとき、夫の留学に伴って来日して二〇年ほど東京で暮らし、再び夫の転勤で中国に戻っている。おっとりしたタイプで、感性は日本人に近い。

「事前に聞いてくれるならまだましですよ。何も聞かないで、いきなり待ち合わせ場所に誰かを連れてきてしまうなんてことも、中国ではしょっちゅうですよ。

以前、北京在住の大学時代の友人が、上海に行くから久しぶりに会わない?というので、自宅から高速鉄道に一時間以上も乗って会いに行ったんです。すると、その友人は『滞在時間が短いから、一緒でもいいでしょう?』といって、別の友人グループもその場に呼んでいました。

私は数年ぶりに友人と二人だけでおしゃべりすることを楽しみにしていたのに、ほかに五人も知らない人がいる。我慢して一緒に食事をしましたが、行かなければよかったと後悔しました。こういうことを私は気にする性格ですけど、普通の中国人は気にしないんですよ」

なぜ気にしないのだろうか。

「中国人が集まるのは楽しくワイワイ食事することが目的です。二人より三人、三人より四人のほうがたくさんの料理を食べられるでしょう？　中華料理は人数が多いほうがいいですし、一人前ずつ料理が出てくるわけではないですから。

知らない人がいても、別にその場で友人になればいいだけ。友人が増えて楽しいし、知らない話も聞けて一石二鳥。中国では、友だちの友だちは、皆友だちです。ウマが合えば、明日からはまるで親友のようになることもあります」

唐氏がこう説明してくれた。それでも疑問は解けない。

「でも、知らない人がいたら、その人に話題を振ったり、いろいろと気を使うのでは？　全然話が合わなければ気まずいし……」

「それは日本人的な発想です。中国人は全然気にしません。共通の友人がいるのだから、遠慮せず、自分もどんどん会話に入っていけばいいのです。

日本人が集まる目的は会話ですよね？　だからメンバーを決めて、そのメンバーの交通の便がいいところでお店を決めたり、開始時間も合わせたりする。集まる前から『気遣い』は始まっています。日本料理や西洋料理は、参加者が四人か六人かによって、お店で用意できるテーブルが違うし、日本人はいったん決めたら、あとから人数の変更もあまりしません。お店が中華だったとしても、変更すること自体を嫌いますね」

確かにその通りだ。仕事にせよ遊びにせよ、一度決めた予定は臨機応変に変更しない（できるだけ変更したくない）、何事も予定通りに進めたいというのが日本人の性格だ。

食事会のメンバーが限定なんて、日本人は小気だね

中国の結婚披露宴も、ゴージャスなホテルやおしゃれなガーデンウエディングが増えるなど洗練度が増しているが、以前、田舎では、招待されてもいない人が飛び入り参加し、食事を食べて帰るということがよくあった。

当然、予定より人数が増えるが、もともとどんぶり勘定なので別に構わない。円卓は詰めれば席を増やせるし、中華料理は大皿に盛ってあり、人数が増えても問題ない。むしろ、大

勢でにぎやかに祝福してもらえてうれしい、と中国人は考える。

日本の結婚式では到底考えられないことだが、田舎では受付がない披露宴会場もあるし、普段着で結婚式に出席する人もいるなど、ざっくばらん。こうしたことは珍しくなかった。

だが、先に紹介した少人数の食事会は違う。食事に誘った日本人はごちそうするつもりで、特定の人に声をかけている。誘われた中国人は、日本人と自分が誘った友人の会話がかみ合うかなど、「場の空気」を考えてはくれないのだろうか。

「もしそんな日本人の本音を話したら、中国人は、『そんなふうに思っていたのか。やっぱり日本人って小気《シャオチー》（けち）だね』と思うはずですよ。私は日本人の気持ちのほうに共感できますけどね」と唐氏。

メンバー限定ならば、はっきりそういえばいい、と中国人は思うかもしれないし、フォーマルな席でもないのに、人数を制限すること自体、度量が狭いと思われる。だが、それを口に出せず、雰囲気から何となく察してほしいと思うのが日本人だ。

私自身、よく覚えているのは、都内のホテルの日本料理店（懐石料理店）に招待された際の話だ。ある日本人男性が私と中国人の女性を食事に誘ってくれた。三人は数年前からの共通の友人で、仕事のつき合いもある。

中国人女性は長年日本に住んでおり、日本語が堪能なだけでなく、中国に日本文化を紹介する仕事もしている。だが、前日に「もう一人中国人を連れていってもいいでしょうか?」というメールがきた。

私は構わないが、招待してくれた男性には申し訳ない。経費ではなく自腹で招待してくれただろうことは、これまでのつき合いから何となく想像できたからだ。結局、懐石料理を一人前追加して四人で食事をし、案の定、男性が全部支払ってくれた。

むろん、中国人にも悪気はない。本当に私たちにその友人を紹介したいと思ったというのはわかるが、私は少しモヤモヤとした気持ちになった。

中国では食事会のとき、円卓を囲む習慣がある。全員の顔がよく見えて、料理も手元に回せる。大勢での食事に非常に便利だ。一五人で囲める円卓に八人しかいないと寂しく感じる。中華料理は大勢で食べるに越したことはない。前述した披露宴も同じだ。

そうした習慣が身についている中国人にとって、食事会といえば人数を集めるものという認識があるのかもしれない。また、前述したように、食事会の場は出会いのチャンスであり、自分のコネになりうるという目論見もあるかもしれない。日本に長く住む中国人でもそうした中国人的な感覚が残っているようだ。

逆に、中国で食事に誘われたとき、「よかったら、友だちも連れてきてください。何人連れてきても構いませんよ」と親切にいってもらったことは何度もある。中国人は、「来るものは拒まない」のだ。むしろ、一挙に友だちが増えてうれしいし、「食事会を開いた甲斐があった」「仕事にも結びついた」「自分のメンツが立った」と思うだろう。

ただ、私は友人を連れていったことはほとんどないし、多くの日本人は（立食形式などでないかぎり）、言葉に甘えて何人も友人を連れていくことはあまりしないのではないか。

ただし、友人を連れていかなかった場合でも、相手の中国人は「ごちそうになることを遠慮して連れてこなかったのかな」などとは夢にも思わない。

どちらがいい悪いという問題ではないが、こうした感覚の違いは、日中の間に常にある。

教授の冷たさは、温かな配慮だった

以前、上海に住んでいる友人の蘇凡氏は、別の中国人の友人から、次のような質問が寄せられたという。

「ネットで日本の立派な古書セットを買いました。専用のケースがついていましたが、ボロボロでやっと本を収められるような代物です。古書店からのメッセージとして、『箱もセットなので同送しますが、損傷が激しいため処分していただいても結構です』とありました。箱を捨てるか、捨てないかは私の自由なのに、なぜ日本人はそんなことをわざわざ書いてきたのでしょうか?」

友人はメッセージの意図を図りかねて、日本に詳しい蘇氏に問い合わせたのだった。蘇氏は私に経緯を説明しつつ、どう思うかと聞いてきたので、私はこう答えた。

「購入者への配慮ではないでしょうか。販売した人がそういえば、受け取った側もボロボロの箱を気兼ねなく捨てやすいでしょうから」

蘇氏は驚き、そして「そんなふうに気を使うんですか。友人は『わざわざ送ってきて、箱も料金に入っているのに、それを捨てるように』というのはどういう指示なのか、あるいは余計なお世話だというふうに受け止めました。そういう見方があるんですね。早速その話を友人に伝えます」と喜んでいた。

相手にとってよかれと思ってしたことが、誤解されてしまうのだ。日本人は相手に気を使わせないために気を使う、という面があるが、それが外国人には（あるいは日本人同士でも）伝わらないことがある。

東京大学の研究生だった郭一周氏は、広東省に住む母親が仕事で東京にやってくる際、指導教授と三人で食事をしたいという母親の申し出を教授に伝えた。するとと教授は「その時期は都合が悪くて会えない。申し訳ない」という。郭氏は「せっかく母が来るのにちょっと冷たいな」とがっかりした。

しかし、その後、郭氏が修士課程に合格したあとに、教授から意外なことをいわれた。「郭くん、前回はせっかくお母さんが来たのに申し訳なかったね。断ったのは、郭くんの面接がまだだったからなんだ。お母さんと三人で会食したことが周囲にわかれば、郭くんを特別扱いしたという疑惑を持たれるかもしれない。そう思われたら、郭くんにもお母さんにも申し訳ない。だから、あのときは会わないほうがいいと思ったんだよ」

郭氏は「先生は僕たちを思いやって配慮してくれた、とわかって感動しました。その一件で少しわだかまりがあったので、合格後に本当のことをいってもらえて、すっきりしました」と話す。

東京大学は中国人留学生が多いことで有名だ。とくに大学院に入学したい学生が多すぎて、人気の教授になると、申し込みの申請書類を処理しきれないほどだといわれている。教授は厳正に審査して留学生を受け入れたいという思いからこのような行動を取ったのだ。

日本的な「おもてなし」への見方が変わる

ある中国人家族が、沖縄旅行の際に必ず立ち寄るレストランで食事をとっていた。ある日、いつも支払いをしている母親ではなく、祖母が会計をしたところ、これまでよりも値段が安かった。

あとで母親が気づき、次に店に行ったときに店長に聞いたところ、「お店によくきていただいているし、お母様（祖母）はあまり召し上がらなかったので、少しだけ料金をサービスさせていただきました」という。

母親が気づかなければ店の人はずっと黙っているつもりだったようで、その母親は「奥ゆかしいというか、細やかな気遣いに感動しました。でも、そのとき話してもらったほうがいいですね。またお店に行きたいという気持ちになるし、黙って値引きしても相手にはわからないし、全然感謝もされないのに……」と話していた。

日本人は「相手のために何かをしてあげた」ことを本人や周囲の人にわざわざ伝えるのは野暮、無粋、恥ずかしいことだと考える。

わざわざ伝えるのは「親切の押し売り」で、日本では嫌われる行為だ。本当に相手のことを思いやってしたのではなく「自分のためにしたんでしょう？」と思われるからだ。

この沖縄の店は商売なので、本人に伝えたほうがよかったと思うが、中国人からすると、日本の飲食店の店主（または店員）と顧客の関係は「他人行儀」だと見えてしまうときもある。

日本の店にとっては「お客様は神様」という意識があって、常にお客様が上、店側が下という関係がはっきりしている面があるが、中国では必ずしも「上下関係」ではない。

最近では中国のサービス業の質が向上し、日本人のように顧客に低姿勢で接する笑顔の店員が増えてきたが、少なくとも数年前までの中国は、今とはだいぶ異なっていた。

中国の飲食店で、店員から偉そうな態度をされ「どっちが客だと思っているんだ！」と怒る日本人は多かったが、中国人からすれば「仕事」としてやっているだけで、別にあなたに雇われているわけではない、と思っただろう。

中国でスマホの普及が急激に進み始めた二〇一四年、日本では二〇二〇年の東京オリンピック・パラリンピック開催が決まり、「お・も・て・な・し」が流行語になった。当時「金銭を伴うおもてなし」について、上海在住の王宇氏とこんな会話をした。

「中国人の僕から見ても、日本の飲食店や旅館などのおもてなしは世界一すばらしい。店員はいつもニコニコ、謙虚です。

でも理不尽な客にも平身低頭、すぐに謝ります。日本のサービス業は、謝ることが仕事みたいだと思うこともあり、まるでお客の召し使いのよう。不可抗力で店員にミスがあっても、言い訳をせず謝り続けるなんてすごい。プライドが高い中国人には絶対できないと思いました。それに、本当にそこまでのサービスが顧客に求められているのか、疑問に思うこともあります」

数年前まで、こう感じる中国人は多かった。ところが海外に出かけ、世界水準のサービスに触れる機会が増え、大都市の人々は「おもてなし」に対する考え方が大きく変わった。

「サービスを受けるここちよさ」を自国内にも求めるようになり、中国のサービスは見違えるほど改善した。

店員も、SNSの発達で情報が増え、社員教育も充実してきたため「顧客に飲食をサービスするという仕事に対するプライド」をある程度持てるようにもなった。店主の意識もかなり変わってきたと感じる。

数年ぶりに中国の都市部を訪れた日本人は、以前と比べて、信じられないほど向上したサービスと店員の笑顔に感動を覚えるはずだ。

一生忘れない居酒屋の恩人

一〇年以上前に日本の飲食店でアルバイトをした経験があるという友人の姜清芳氏からは、心温まるエピソードを聞いた。

姜氏は内陸部の出身。二〇〇二年に日本に留学にやってきた。日本の大学院で学んだあと、現在勤務している企業に就職したが、就職するまでの間、大学に通いながらアルバイトをしていた時期があった。

アルバイト先は小さな家族経営の居酒屋とコンビニの二カ所で、姜氏は居酒屋では月曜日から土曜日まで働き、週末はコンビニでも仕事をしていた。苦労しているとき、居酒屋の女性に親切にしてもらったことが今も忘れられないという。

「お父さんとお母さん、一人息子の三人で経営していて、近所の常連さんが来る大衆的な居酒屋でした。当時七〇代のお母さんは働き者で、それまで大変な苦労を経験してきた人。離婚して一人息子を育てたあと、常連さんと再婚。その後も働き詰めでした。自分が苦労してきたこともあって、外国人である私にも分け隔てなく親切にしてくれました」

姜氏を「せいほうさん」と親しみを込めて下の名前で呼び、お客がいないときは、「いわしの頭も信心から」「ごまめの歯ぎしり」などのことわざや、日本の習慣などを教わった。

初めて浴衣を買ってくれたのもこのお母さんで、一緒に芝居を見に行ったりもした。

「息子さんにはお嫁さんと子どもさんがいたのですが、お母さんはお嫁さんに気を使って、遠慮しているようでした。中国では、息子の家の合い鍵を作って、まるで自分の家のようにどんどん入っていく人もいますが、日本のお母さんはそうではありませんでした。私のことは実の娘のようにかわいがってくれて、ありがたかったです」

姜氏が中国人だとわかると、つらく当たる客もいたが、お母さんはかばってくれた。逆にかわいがってくれるお客もいて、四年間休まず働くと、常連さんから「皆勤賞」をもらった。

「二万円の商品券でした。アルバイトをかけ持ちする生活のなかで、この居酒屋の皆さんによくしてもらったことは一生忘れられません。恩人ですし、今でもつき合っています」

「ちゃんづけ」で呼ぶのをやめてください

「日本人は会社ではとても真面目。冗談が通じないときもあるし、個人的な話もしない。大雪でも、始業に遅れないように努力するのが日本人のいちばんすごいところ（笑）。だから男性社員は堅物で一本気だと思っていたんですが、飲み会での豹変ぶりに驚きました」

大阪の企業に勤務する中国人女性、彭莉《ほうり》氏は入社二年目。彼女の部署では月一回、部署の全員が参加する飲み会が開かれ、特別な事情がないかぎり参加しなければならない。

彭氏は飲み会がどのようなものかはある程度知っていたが、あまり気乗りがしなかった。

「一般企業よりも出社時間が早いので、飲み会は気が進まなかったんですが、いちばん嫌なのは、直属の上司が私を〝ちゃんづけ〟することです。私の名前は莉《リー》ですが、会社では『彭さん』と呼ぶのに、飲み会では『リリーちゃん』と、突然呼び名を変えます」

大手企業なのでセクハラには厳しいと彭氏は思っていたそうだが、そうではないらしい。

「酔っぱらうと私の頬を両手でつまんで左右に引っ張ったりします。もちろん、ふざけて軽く引っ張る程度ですが、私が困ると楽しそうで……。昼間の真面目な上司と同一人物とは思えません」

まさか、このご時世にそんな上司がいるとは信じがたいが、彭氏の友人で、東京の企業に勤務している中国人女性も「ちゃんづけ」で呼ばれているという。しかも、その友人のほうは飲み会の席だけでなく、仕事中も呼ばれているそうだ。

「どうやら、私のことを『かわいがってあげている』と思っているようで、私がちゃんづけされているのを見ても、周りの同僚たちもとくに何もいいません」と彭氏。

飲み会の席はおじさん比率が高いためか、下ネタが多いのも嫌なことの一つ。

「私の日本語が完璧でないからおもしろいのか、ちょくちょく下ネタを振られます。私が困って答えられないと楽しいみたい。他の日本人の女性は軽くあしらえますが、私はまだそれができないので、集中攻撃されるんです」

彭氏は人事部に訴えたが、「実害があったわけではないから」と軽く受け流されたそうだ。日本企業で働く中国人にとって、飲み会は日本人の同僚と親しくなる数少ない機会だし、日本文化の一つだと理解している。だから、飲み会そのものは否定しないが、「月に一度、その日がやってくるのがだんだん苦痛になってきました」と彭氏は話している。

お天気が、そんなに気になりますか?

「日本人はどうしてあんなにお天気の話が好きなんでしょうか」

中国人女性、黄暁慶氏からこんなことをいわれた。都内の企業に勤務する黄氏は、取引先企業を訪問すると、日本人が必ずお天気の話題を持ち出すことが不思議だと思ってきた。

「今日も暑いですね」「雨の予報でしたが、降ってきましたね。来るとき、濡れませんでした?」

取引先に到着して応接室に通されると、すぐにこんな言葉をかけられる。日本人は誰かの顔を見かけたら、天気の話をせずにはいられないのか——。

「天候は外を見ればわかるし、少々の雨ならそんなに大事ではないのに、日本人はとても気にします。最初は少し戸惑いましたが、今では自分も取引先とのコミュニケーションのため、天気予報をよくチェックするようになりました。天気にわざわざ『お』をつけてお天気というところが、日本人が天気をいかに重視しているか、ということの表れだと思いました」

黄氏は南京の出身。中国三大かまど（南京、武漢、重慶）の一つだ。高温多湿で、真夏は気温が三五度くらいになる。そんなところで育った黄氏は幼いころから暑さには慣れているが、大陸性気候で、日本のように天気がコロコロ変わることはない。

「日本のテレビの天気予報は短時間に必要な情報を伝えるだけでなく、気象予報士が、まるでタレントのように長時間お天気の話をします。雨雲の動きや、夕立がどの辺でありそうとか、ものすごく細かい（笑）。ニュース番組で全国の地域の天気予報だけでなく、その日の気温に適した服装や洗濯情報までやる。とにかく天気関係のニュースの時間があまりにも長いと思います」

中国のテレビの天気予報は大雑把だ。大都市の天気予報と最低・最高気温を紹介するが、詳細は報道しない。台風などがきたときには多少は詳しく放送するが、タレントのような気象予報士もいないし、ただ淡々と報道するだけだ。

最近では日本と同様、テレビを見る人が減り、天気予報もスマホのアプリでチェックする人が多いが、中国人は日本人ほど細かく天気予報を気にしないし、雨の予報でもあまり傘を持ち歩かない。

一五年前に来日した黄氏は、日本の台風の多さにも驚いた。

「日本は台風や土砂災害、地震、津波など、とにかく自然災害があまりにも多い。日本に住んだ中国人は全員そう思っていると思います。

日本人の生活はいつも自然からもたらされる災害との闘い。中国の沿海部には地震はほとんどないし、自然災害も日本ほど多くはありません。とくに初めて日本で地震を体験したときは、震度1だったのに、恐怖でひっくり返りそうになりました。

日本に住んで初めて、自然は日本人の生活と切っても切り離せないものだということが実感としてわかりました。だから、日本人はこんなにも天気のことを気にするのですね」

二〇一九年、中国でも有名な新海誠監督の映画『天気の子』が上映されて大ヒットした。

「中国では、天気が映画のテーマになること自体、考えられないけれど、天気とともに生きている日本人には共感できますし、この映画を見て、日本人の心情が少しだけ理解できた気がします」と黄氏は話していた。

日本人は挨拶のときにも「今日はいいお天気ですね」とか「日が長くなりましたね」「今朝は冷え込みましたね」などと天気の話をする。

では、中国ではどんな挨拶なのだろうか。

日本人が知っているのは「你好《ニーハオ》」だが、中国では以前「吃飯了吗?《チーファンラマ》」(ご飯食べましたか?)という挨拶をする人が多かった。「吃飯了吗?」の意味は文字通りの意味と、「你好」と同じような単なる挨拶の二つの意味がある。ランチ時にオフィスの廊下ですれ違えば前者の意味だが、たいていの場合は後者だ。

中国には「民以食為天」(民にとって食事はいちばん大事である)ということわざがある通り、食べることを重視しているから、このような表現がよく使われるのだろう。日本語でいう「いいお天気ですね」が、必ずしも天気について会話したいわけではないのと同じだ。

しかし、最近、めったに「吃飯了吗?」というフレーズを耳にしなくなった。中国人の友人に聞くと「あれはもうほとんど死語」という人もいる。飽食の時代になって、「食事を済ませたか」という挨拶が実生活にそぐわなくなってきているのかもしれない。

夏休み後はお土産を買う派？　買わない派？

日本人も中国人も、相手との良好な人間関係を築くため、プレゼントをする。日本のビジネス現場ではお中元やお歳暮が廃止や禁止になったり、仕事関係者への高価な贈り物は、特別な関係でないかぎり控える傾向があるが、個人的なつき合いでは、贈り物をする機会はまだある。

知り合いの中国人は日本の百貨店で「贈り物ですか？　ご自宅用ですか？　と何度も聞かれた。日本人はそんなに贈り物をするのですか？」と驚いていたが、確かに日本人は贈り物が大好きでラッピングにもこだわる。

といっても、セレブ以外の日本人は、ふだんからそれほど高価なプレゼントを互いに贈り合っているわけではない。

ハンカチなど、誰でも使えて、受け取った側の迷惑や負担にならず、何枚（何個）あってもいい無難な商品を選ぶのが一般的な日本人のプレゼント選びの特徴だ。また菓子折りなどは贈り物というより手土産という程度のものだろう。相手への「ほんの気持ち」を表すためのものだ。

余談だが、二〇一九年のお盆休み明け、ネットの「キャリコネニュース」を見ていたら、おもしろいデータが掲載されていた。「職場にお土産を買っていくか」「買っていかないか」というアンケートで、記事によると「買う派」は約四割、「買わない派」は約六割と、ほぼ拮抗していた。

「買う派」は「買っていかないと他の人のお土産をもらいにくい」というのがあったが、「買わない派」は「逆に同僚に気を使わせるから」や「買って行った日に休みの人がいたら不公平だから」というのがあり、いかにも義理やしがらみに囚われやすい日本人らしいと苦笑してしまった。中には社則で「お土産禁止」としている企業もあった。

帰省のたびに土産の予算は数十万円

中国人の贈り物は、春節（旧正月）などに、親戚や家族、お世話になっている人に、紹興酒やワイン、お茶、フルーツセット、漢方薬や衣服、置物、家電製品、宝飾品などで、少し仰々しいものだ。近年ではウィーチャットで、春節や誕生日など祝い事のときに現金を送金する（紅包という）ことも増えた。

都市部では、意識がだいぶ変わってきて「大きくて重いものはダサい」「大きなものはもらったほうが困る」という意識も芽生えつつあるが、内陸部の田舎は違う。従来通り「大きいことはいいことだ」「贈り物には、自分の体面がかかっている」と思っている人が多い。

私の家の近所に住む中国人の友人は、一年に一度、帰省するが、その際は大量のお土産を買う。菓子折りなどの無難なものではなく、相手に合わせたアクセサリーや腕時計、スニーカー、化粧品、電動シェーバー、美顔器、炊飯器、家電製品などで、毎回の予算は数十万円にも上る。

友人は帰省のたびにそのリストを私に見せながら「自分はまるでお土産を買うために働いているようなものですよ」と笑っていた。故郷はかなり田舎で、お土産に対する期待値が高いそうだ。

医師はつけ届けで月収一六〇万円

中秋節（旧暦の八月一五日。春節、国慶節に次いで大きな祝日）には月餅を贈るのが中国の風習だ。日本円にして数千円程度のものから数万円程度のものまであり、箱入りや缶入りの月餅セットを買う。多い人は数百個と大量に買い、親戚や仕事関係者などに配るので、月餅セットといえども相当な出費になる。

中国人はメンツを重視するから、日常的に「ほんの気持ち」程度の贈り物はあまりしない。

日本人は「ほんの気持ち」が相手への気遣いであり、そのほうが受け取った人も負担にならないと考えるが（だから、ハンカチや靴下などが定番になる）、中国人的には「ほんの気持ち」程度の安いプレゼントをするなんて恥ずかしいし、沽券に関わると思う。

だから、中国人はふだん小さな贈り物はせず、いざというときにドーンと高価なものを贈ることが多い。その一つが医師への贈り物だ。

本章の冒頭に登場した杭州在住の唐氏は、一〇年くらい前に夫が病気で入院した際、医師に日本の家電製品を何度か贈ったと話していた。

「担当医師は音楽が好きなので、オーディオ製品を贈りました。十数万円くらいでしたが、それで手術の順番を前倒ししてくれたり、治療がうまくいくのなら安いものだと思います。当時は大部屋に空きベッドがあっても、つけ届けがないと、すぐに入院させてもらえないこともありましたから。当時は日本で買って、自分で運んできたというだけでも喜んでもらえました」

その後、中国では医療現場の状況も変わり、入院患者のつけ届けは、日本と同様、原則では禁止となった。交流のある日本の大病院などに研修でやってくる医師や看護師も増え、中国では医療現場にも意識変革の波が押し寄せている。

しかし、定期検査に行く夫に付き添う唐氏の実感では「設備は最新になり、外見は変わったかもしれないけれど、中身は全然変わっていない」という。

「病院が『つけ届け禁止』とわざわざ公表するということは、やはり裏では贈っている人がいるという意味ですよ。疑心暗鬼になり、自分たちも贈らなくては、しっかり診てもらえないという心理が働くので、結局つけ届けはなくなりません」

唐氏によると、中国の医師の待遇は相対的にあまりよくない。地方によって異なるが、杭州付近で三〇代半ばの中堅クラスの医師ならば、月給は二万元（約三二万円）くらい。だが、つけ届けも合わせると月収は一〇万元（約一六〇万円）くらいに上るという。

一方、上海の四〇代の女性は、二〇一四年に夫が入院したときのエピソードを聞かせてくれた。

「病院事情に詳しい友人の勧めで、手術前、麻酔科の医師を中心に、手術に立ち会う医師やスタッフ数人に、各一〇〇〇元（約一万六〇〇〇円）手渡すことにしました。麻酔科の医師は代表して全員分を受け取ったのですが、手術のあと、私に全額返してくれたんです。

その医師は『もし自分が受け取らないと、ちゃんと手術してもらえないのではないか、とご家族は心配でたまらないでしょうから。大丈夫。手術は成功しました』と私にいいました。私は感動して涙が出ました。そういうお医者さんだって中国にはいるんですよ」

医師へのつけ届けは特殊なケースだが、中国人は日本人が贈るような「誰にでも合う無難なもの」よりも、相手に合ったスペシャルなものを贈ったほうが〝費用対効果がある〟と考えている場合が多い。

親しい同僚からの「お返し」に心寂しくなる

東京・丸の内の企業に勤務する朱秋馨氏は、友人や同僚にプレゼントをするのが大好きだ。

「ある日、たまたまかわいいアクセサリーを見つけました。一万円以上でしたが、同僚の趣味に合うものだったのでプレゼントしたんです。でも、同僚からは『こんなに高価なものは受け取れない。朱さんはいつも気前がいいね』といわれてしまいました」

確かに、日本では会社の同僚が、退職や結婚でもないのに一万円以上のものを贈らない。朱氏は「私からすれば高価な贈り物ではありません。その同僚とは親しくて、休日に会うこともあります。日本人とは贈り物に対する考えが少し違うのかもしれません」と話す。

朱氏は好きでやったことなので、遠慮なく受け取ってほしいといい、同僚はその場では受け取ってくれたが、翌週になったらすぐに地元の銘菓をお返しに持ってきた。

「先日のお礼だといって、大きい箱入りのお菓子を持ってきたんです。私はお返しをもらうつもりではなかったのですが、気を使わせてしまったようで、距離を感じてちょっと寂しかった」

朱氏によると、中国でもプレゼントを贈り合う習慣はあるが、すぐにお返しをされることはほとんどないという。

「日本では病気見舞いをもらったら快気祝いを、入学祝いをもらったら内祝いを贈り返すというように、形式的に贈り合うこと、それ自体が潤滑な人間関係を保つ上での文化になっていますね。

ですから、日本人は一方的に贈られることに恐縮し、負担を感じるようですが、私たちはそんなふうには思いません。すぐさまお返しをされると、かえって他人行儀で水臭いと感じます」

日本では、親しき仲にも礼儀あり、という言葉もある通り、ものをもらってそのままというのは気が引けるが、中国人はいざというときに自分を大事にしてくれたらそれでいい、というくらいの気持ちでいる。食事をごちそうになったときも同じだ。

日本人はもらってからお返しをするまでの期間が比較的短いが、中国人は「何かあったとき」にしか返さない。彼らからすると「何かあったとき」こそ大事だという考え方だ。それは一年後かもしれないし、一〇年後かもしれない。

「遠慮する間柄でなければ、ものをもらっても精神的な負担にはなりません。むしろ、高価なものをいただいたら、自分のことを尊重してくれている、自分にはそれだけのことをしてもらえる価値があるんだ、と自尊心をくすぐられ、うれしい気持ちになるだけです。

もちろん、何かあったときには、できるだけのことをしてあげようという気持ちになりますが、形式的なお返しをするという発想は中国人にはないものです」と朱氏。

だから、朱氏は日本人の「お返し文化」を最初に知ったときには少し驚いた。

「義理堅いところは日本人の几帳面な性格を表していると思いますが、日本の皆さん、そんなに気を使わないで、といいたいですね」

第4章

なぜ中国人は大阪派なのか

社会

中国が「令和」の発表を心待ちにしたわけ

二〇一九年四月一日。日本では平成に次ぐ新元号、令和が発表された。この日、日本だけでなく、中国でもテレビやインターネットにかじりつき、固唾を飲んで発表を心待ちにしている中国人が多かった。

私も日本のテレビの前に陣取りつつ、同時にスマホで中国のウィーチャットやニュースサイトもチェックしていた。発表からほとんど間を置かず、中国語のニュースサイトにも続々と記事が流れ始めた。

「日本的新年号、令和！」（日本の新元号は令和！）

平日の午前中だというのに、中国で生活する友人たちが発信するSNSにも、ネットの画面を撮影した写真やニュースのリンク、コメントなどがあふれた。

「新元号、おめでとうございます！」（三〇代女性）

日本のSNSとほとんど同じ文言が並ぶ。

私がSNSで見た友人たちは、「中国語で発音したときの響きがいいですね」「平和にするという意味で、いい言葉を選びましたね」など好意的な意見が多かった。日本に少し詳しい人からは、次のようなコメントもあった。

「『文選《もんぜん》』の中にある中国の学者、張衡《ちょうこう》の詩にも令和に由来すると思われるものがあるが、これがもとではないのか」（五〇代男性）

「予想ランキングの上位にあった『永和』ではなかったですね。もし『永和』になっていたら台湾の豆乳チェーン店と同じ名前だったのでおもしろかった（笑）」（三〇代男性）

「元号を一文字のイニシャルにするとRになる。やはり安倍首相はR（右）ですね（笑）」（四〇代女性）

発表から三〇分も経たないうちにこんなコメントが流れることにも驚いたが、一般の中国人の友人がいかに元号や日本の皇室に関心を持っているのかについて知るいい機会となった。

私は中国語の連載記事を書いていて、上皇陛下と上皇后陛下の歩みについて触れたことが何度かある。先の戦争に対する両陛下の真摯な姿勢などを紹介する内容だったが、それに対する中国人の反応はいつも予想を超えるほど好意的だった。

現在の天皇陛下、皇后陛下についても、中国のSNSで取り上げている人をときどき見かける。アメリカと同じく、中国には皇室や王室が存在しないだけに、憧れと好奇心を抱いているようで、女性皇族のファッションやプライベートにもやけに詳しい。

よく知られているように、元号は中国発祥だ。前漢時代（紀元前二〇六～八年）の「建元」が最初という説が有力視され、日本人も世界史で学んだ「康熙《こうき》」「雍正《ようぜい》」「乾隆《けんりゅう》」などがあるが、中国は一九一一年、清朝の「宣統」（ラストエンペラーで有名な宣統帝・溥儀《ふぎ》の時代）を最後に、元号を廃止している。

元号は今では発祥の地、中国にはなく、世界で日本にのみ残っている。令和の由来は『万葉集』の梅の花の歌（三二首）の序文だが、報道の通り、梅の花の歌の序文は漢文であり、中国との関係は非常に深い。

中国人は、自分たちがすでに失ってしまったものだからこそ、これほどまでに元号に対して興味や関心を持ったのだろう。

伝統を守る日本への関心と憧れ

元号フィーバーの二カ月前の二〇一九年二月、中国人の漢字や漢文への思い入れの深さを強く感じさせられる出来事に遭遇した。東京・上野の東京国立博物館・平成館で開催されていた『顔真卿《がんしんけい》　王羲之《おうぎし》を超えた名筆』展を観に行ったときだ。

顔真卿とは唐代の著名な書家・官僚。同年一月から一カ月以上開催されていたこの展覧会は、日本のみならず中国のSNSでも話題沸騰で、会場に着くなり「ここは中国か？」と錯覚するほど多くの中国人でごった返していた。

同展には、台湾の国立故宮博物院に収蔵される顔真卿の傑作『祭姪文稿《さいてつぶんこう》』も展示されており、めったに見られないその作品を目当てに、春節の大型連休を利用してやってきたのだ。

会場に入り、熱気に圧倒された。中国人が書体の一つひとつを指さしながら「このハネが……」「この筆のかすれ具合が……」などと激論を交わしている。

むろん、日本でも書道に親しみを感じている人は多い。幼いころ書道教室に通っていた、という人も相当いるだろう。しかし、一部の書道家や愛好家を除いて、一般の日本人は、草

『顔真卿展』（東京国立博物館・平成館）に、中国人観光客が殺到した

書、隷書、楷書などの書体についての知識や興味はあまりない。

日本人は習い事や授業の一環、クラブ活動などで書道の経験はあっても、その後、わざわざ書道展を見に行く機会はそれほど多くないというのが実情だ。だから、「書」の一つひとつを熱心に鑑賞する中国人観光客の姿が印象に残った。

在日中国人のSNSでも「ついに念願の顔真卿展を見に行った！」「記念に筆や硯、図録を買ったので、中国に帰省するときのお土産にするよ」「美術館グッズが欲しい人には販売します」といったような投稿を数多く見かけた。中国人の「書体や漢字そのものへの関心の高さ」は並々ならぬものがあり、やはり日本人とは熱の入り方が違うのだ。

中国である程度知的レベルの高い人々と話して感じるのは、その豊富な語彙力や表現力だ。文章を書いたり、会話をしたりしているときに四字熟語やことわざ、古典などを多用したり、さらさらと漢詩を書いたりすることも珍しくない。

四字熟語やことわざに詳しい日本人も大勢いるが、日ごろから漢詩を書く人はそうそう見かけない。だが中国のSNSでは、漢詩を自作し写真とともに載せる人が少なからずいる。

自分の友人たちがとくにそういうことに長けているのか、あるいは漢詩をすぐに書ける一般中国人がある程度いるのか、よくわからないが、中国では少なくともここ数年、「国学」への関心が以前よりも高まっていることは確かだ。

国学とは「論語」をはじめ、孟子、詩経などの中国の古典のこと。日本では古くからこの分野の研究が進み、「孫子の兵法」などに代表されるように、日本で出版されている中国古典のレベルは高く、日本社会にも「中国文化」は知らず知らずのうちに浸透している。

だが、中国では文化大革命などの影響で、これらの古典は長い間軽んじられ、日の目を見なかった。ところが、ここ数年、中国では経済的な成長と比例するように、人間としての成長を求める動きがあり、その基盤となる古典ブームが巻き起こっている。

拙著『なぜ中国人は財布を持たないのか』でも紹介したが、北京や上海の書店に行けば「老子」「孟子」「論語」などの本がズラリと書棚に並ぶ。豪華ケース入りの全集から、子ども向けの絵本まで品揃えは豊富だ。

中学や高校では、以前は「語文（国語）」の授業の一部でしか漢詩を取り扱わなかったが、近年では「古典」を教えている学校もある。

日本の新元号発表は彼らに「本家」としての自意識や知的好奇心、そして伝統を守る日本への尊敬の念のようなものを呼び起こさせたのではないかと改めて感じた。

「電話、社会主義、居酒屋」に共通する点は何？

日本で使われる漢字が中国からやってきたことは、誰でも知るところだ。新元号の発表から、日本がいかに中国と深く結びついているのかについて、改めて実感させられた。

現在、私たちが話している日本語は和語（大和ことば）、漢語、外来語などから成り立っている。漢語とは漢字の字音で構成される語彙のことだ。

日本以外で漢語を使っていたのは韓国やベトナムだったが、現在では韓国で一部使われている以外、中国と日本のみとなった（台湾、香港でも使用されている）。

日本漢語について『漢文の素養─誰が日本文化をつくったのか？』（加藤徹著、光文社新書）では、独自に次のように定義づけしている。

・和製漢語——「一応」「家来」「尾籠《びろう》」など、日本人の生活に密着した独特の漢語。中国人が読んでもわからないことが多い。

・新漢語——「科学」「進化」「経済」「自由」「権利」「民主主義」など、近代西洋の概念や文物を翻訳する過程で日本人が考案した漢語。中国や朝鮮にも輸出されたので、中国人が読んでもわかる漢語が多い。

・日本漢語——和製漢語と新漢語の総称

同書によると、新漢語は江戸末期から明治時代かけて、日本の学者たちが考案したものだ。ほかにも「文化」「文明」「法律」「思想」「哲学」「科学」「資本」「物理」「美術」「金融」「憲法」など膨大な数に上る。「共産主義」や「社会主義」も日本人が考案した漢語だ。

それまでこうした西洋の概念を表す言葉が日本にも中国にも存在せず、明治時代、日本にやってきた清朝の留学生らから中国に逆輸出された。

清朝末期の中国でも西洋の文物の漢語訳が進められたが、中国人が考案した漢語は廃れてしまい、日本人が作った新漢語が中国で生き残り、定着した。

たとえば中国では、「電話（telephone）」は「徳律風《ダーリーフォン》」と音を当てて訳したが、日本人が考案した「電話《ディエンホワ》」のほうが中国人にはしっくりきた。

日本で数々の新漢語を考案したのは西周《にしあまね》、福澤諭吉、中江兆民らだが、同書によると、彼らは中流実務階級の出身者だった。「当時の漢字文化圏のなかで、このような中流実務階級が育っていたのは日本だけである」（同書）という。一方、中国で漢語訳を考案したのは、主として上流知識階級だったという。西や福澤らが考案した新漢語が優れていたのは、漢文の素養があったからだと同書で指摘されている。

これらの新漢語の導入について、中国では梁啓超、孫文、魯迅、毛沢東などが賛成したといわれている。先に登場した李海氏は日本の大学院時代に法律を学んだが、その過程で中国の法律用語の多くが、実は日本語に由来することを初めて知り、興味を持った。

そして「関連する事柄を調べるうちに、和製の漢語の中国への導入の最大の功労者である梁啓超自身に注目するようになりました」と私に話してくれた。

梁啓超は中国近代屈指の啓蒙思想家だ。政治家、ジャーナリスト、歴史学者でもある。戊《ぼ》戌《じゅつ》の変法、辛亥《しんがい》革命などに深く関わり、日本にも一四年間暮らした。

これまで私が取材した中でも、日本と関わりの深い梁啓超に共感し、彼を研究対象とする中国人留学生が少なからずいたが、専門的に研究しないまでも、自分たちが現在使っている言葉の中に、それほど日本由来の言葉があるということに興味を持つ中国人は多かった。

ところで、こうした新漢語から始まり、日中関係が緊密になった一九八〇年代以降も、日本語から中国語になった言葉はいくつもあり、現在も増え続けている。

たとえば、中国語の「照片《ジャオピエン》」は「写真」という意味で今も通じるが、日本語の「写真《シエジェン》」も中国語読みで通じるようになった。ほかにも日本語の「人気《レンチー》」「居酒屋《ジージウウー》」「刺身《ツーシェン》」などが中国語になった。

最近知った新しい日本語由来の言葉は「違和感《ウェイフーガン》」「社畜《シャーチュー》」「幸福感《シンフーガン》」「干物女《ガンウーニュー》」「森女《センニュー》」（森ガールの意味）などがある。

ネットのオタク用語や、日本のドラマ、台湾経由などで中国に入ってきたものも多く、日常会話で使うだけでなく、広告のキャッチコピーや中国のドラマのセリフなどにも使われるようになった。最近、中国の若者の中には、それが日本語由来だと気づかずに使っている人もいる。

同じ漢字を使う国同士であり、社会的な環境もこれまで以上に似通ってきたからこそ「同じニュアンス」で自然に使える言葉が増え続けているのだろう。

時代の流れで中国語も変化している

都内の大学で中国語の授業を担当する友人から、おもしろい話を聞いた。

友人が授業で使っている教科書『知ってる？今の中国（ダイジェスト版）』（山下輝彦、路元著、朝日出版社）は、中国の時事的な変化をテーマに書かれているという。

たとえば、役職などを示す「長」を省略するのが近年の傾向だ。以前は姓の後ろに肩書をつけるのが普通だったが、昨今では、大げさにせず、しかもスマートな表現として、趙処長ならば趙処、張局長ならば張局という。日本でも管理職を呼ぶとき、「さんづけ」にするなど変化しているが、中国での呼称も「抑えめ」に変化している。

自分でビジネスを行っている人なら、社長、総経理、ボスなどの意味で「老板《ラオバン》」と呼んだり、姓の後ろに総経理の「総」（中国語では总《ゾン》）をつけて「陳总」「王总」と呼んだりする。日本に住む中国人の経営者同士も、互いにこう呼び合っている。

「老板」は昔から使われている言葉だが、同書によると、近年は社長だけでなく、大学院の指導教授なども学生から「老板」と呼ばれるようになった。学生から見て、指導教授は研究費を使えるなど権限がある偉い人だからこう呼ばれるようになったそうだが、これはいかにも今どきの風潮を表している。

三〇年前、私が日本の大学で学んだ中国語の教科書では、誰かを呼ぶときの呼称はたいてい「同志《トンジー》」だった。同級生を呼ぶときも、飲食店で店員を呼ぶときも、誰かに道を尋ねるときも「同志」。男女どちらの敬称としても使える便利な言葉だった。当時の中国では、すべての人は平等で、革命思想も一致しているとされていたからだ。

しかし、現在の中国で「同志」といえば、国慶節の際、習近平国家主席がオープンカーに乗ってパレードするときの挨拶「同志们好《トンジーメンハオ》」（皆さん、こんにちは）で耳にするか、昔を懐かしむ中高年がジョーク交じりに使うときくらいだ。あるいは同性愛者同士が隠語的に呼び合うときに使うなど、意味合いはかなり変化した。

若い女性や飲食店の店員などを呼ぶ際も、一〇年以上前までは「小姐《シャオジエ》」（お姉さん、お嬢さん）と呼ぶことが普通だったが、日本でも女性店員に対して「お姉さん」とはいわなくなったように、中国でも、ずいぶん前から店員を「小姐」と呼ぶことは憚《はばか》られるようになり、男女どちらでも使える「服務員《フーウーユアン》」（サービス員）に変わった。

また、以前は学校の教師にしか使わなかった「老師《ラオシー》」（先生）は、「ある分野の専門家」に対して、幅広く使われるようになるなど、社会の多様化とともに、言葉も変化している。

東京と大阪なら、断然、大阪が好き

日本に住む中国人が発信するＳＮＳの情報を媒介として、中国に住む中国人が得る日本に関する情報量は一〇年前とは比較できないほど増えているが、それでも彼らは来日して初めて、自分の目で見た素の日本について、さまざまな感想を持つ。メディアに載らない些末なことでも、中国と比較して感心したり、考えさせられたりすることがあるようだ。

たとえば、東京と大阪の違いについて。よく北京は東京と、上海は大阪と比較される。北京は東京と同じく首都で中国全土から「おのぼりさん」が集まってくるし、大学の数、観光地の数も圧倒的に多く、政治や文化の中心地だ。一方、上海はビジネスの中心地で、北京とはちょっと違うしゃれた雰囲気があり、トレンドも上海を起点にして全国に広まることが多い。商人の街、大阪とよく似ているといわれるゆえんだ。

現在は東京に、以前は大阪に住んでいた中国人に、東京と大阪の違いについて聞くと、「大阪支持派」が断然多い。ある男性は、大阪ではないものの、同じ関西の奈良から東京に引っ越すとき、「関東の人は冷たいから気をつけて」といわれたという。

何人かに聞くと、次のような声が聞かれた。

「大阪は街がコンパクトで住みやすい。話す声が大きいので中国人に似ていて親近感を感じる」（四〇代男性）

「大阪の人はざっくばらんだけど、東京の人には声をかけにくい。大阪人より少し冷たいような気がする」（三〇代男性）

「大阪のボケとツッコミはいまだによくわからないので、どうリアクションしたらいいのか困るけれど、中高年女性の服装のセンスは中国人と通じるものがある」（二〇代女性）

さらに「大阪派」からはこんな意見も飛び出す。

「大阪は東京よりも食べ物が安くておいしい。家賃も安い。横断歩道を渡るときに平気で信号無視をするし、電車で見ず知らずの人に話しかける。まるで中国にいるみたい（笑）」（四〇代男性）

「大阪のおばちゃんは、電車の中で他人に飴をあげますよね。最初この話は日本語学校の先生から授業のときに聞きました。ぜひ、自分も一度でいいから飴ちゃんをもらってみたいと思ったのですが、まだ一度ももらっていません（笑）」（二〇代女性）

私の知り合いの在日中国人の中には「飴ちゃん」の話は聞いたことがあるという人が何人かいたが、残念ながら、実際に「もらったことがある」という人は一人もいなかった。

夜の街に人が少ないのは、なぜですか

広東省深圳の日系企業に勤務し、約一年間、東京本社に研修にやってきた鄧泳珊《とうえいさん》氏は、来日したばかりの印象を私にこう語ってくれた。

「夜の街に人が少なくて驚きました。家は下町風情が残る住宅地でしたが、それにしても外を歩いている人が少なくて、深圳に比べてずいぶん静かだという印象を持ちました」

鄧氏の同僚である胡章玉氏にも話を聞いたことがあるが、彼は上海の郊外に住んでいるにもかかわらず、まったく同じ話をしていた。中国では都心の繁華街だけでなく、住宅地でも夜遅くまで人の往来が激しい。

都市の人口によっても違うが、中国では冬を除いて、夜遅くまでマンションがある敷地の中庭などでおしゃべりをしたり、夕涼みをしたりしている人が多い。昼間、自宅の外に小さなテーブルや椅子を出し、そこで囲碁などをしていたり、夜も外でガヤガヤと井戸端会議をしている。

そうした場所に日本人が行って驚くのは、遅い時間帯に外で遊ぶ就学前の子どもの多さだ。日本では夕食後も幼い子どもが外で遊んでいることはほとんど見かけないが、中国では大人と一緒に幼い子どもが夜遅くまで外にいることは珍しくない。屋外だけでなく、ショッピングセンターなどでも同じだ。暖かい南方ではとくにその傾向が強い。

私は拙著『日本の「中国人」社会』の取材のため、埼玉県川口市にある芝園団地を数回訪れたことがある。芝園団地は約五〇〇〇人の住民の半数が中国人だが、昼間だけでなく夜になっても子どもが中庭で遊んでいるなど、日本ではあまり見かけない風景を目にした。

中国人にとって、〝家〟とは自宅の中だけでなく、中庭など、その周辺まで含めた、もう少し幅広いエリア（空間）を指すのではないかと感じさせられた。

中国には「夜食」を食べる習慣もある。とくに南方では夜市が開かれることが多い。北京や上海などの大都市では、衛生管理などの問題から夜市はほとんどなくなってしまったが、一部の地域では残っていて、夕方から遅い時間まで、たくさんの屋台が出てにぎわう。そこに子どもを連れていって家族揃って軽食を食べるのだ。中国語で夜食は「夜宵《イエシャオ》」といい、軽食や点心、デザートなどを食べる。

日本で夜食といえば受験生が食べるものというイメージがあり、たとえ食べるとしても消化のよいもの、胃の負担にならないものが多いが、中国では異なる。

そうした夜のにぎやかな街の風景を見慣れた中国人からすると、真っ暗で人通りが少なく、シーンと静まり返った日本の住宅地は少し寂しいと感じられるのだろう。

会議後に見た、日本人の信じられない親切心

韓樹理氏は、上海から高速鉄道で三〇分ほどの浙江省嘉興市の出身。高校卒業後に日本に

留学して立命館アジア太平洋大学を卒業、現在は東京都内のホテルで働く二〇代の女性だ。明るくて人懐っこく、接客業に従事していることもあってか、観察眼が鋭い。

「会議が終わって皆が席を立ったあと、何人かの女性が、皆が飲んだカップを端に集めていました。お皿を重ねたり、ゴミを集めてくれたりするのです。日本にきて、こういう場面に初めて出くわしました。何気なくやっている行動でしょうが、日本人のすばらしい気遣いだと思います」

いわれて気がついたが、日本人（多くは女性）にとっては、ごく自然に行っていることであり、この行為を見て「すばらしい」と思う人はほとんどいないだろう。会議室だけでなく、自分が客として訪れた飲食店でさえ、席を立つときに同じようにテーブルの上を片づける女性もいる。

私自身も中国の飲食店で、テーブルが手狭になったときにお皿を重ね、店員が片づけやすくすると、中国人男性から「中国人にはそういう（片づける人の身になる）ことができない。できるようになるまでに、まだ何十年もかかるでしょう」といわれたことがある。

韓氏はまた、こんな場面にも遭遇した。

「誰かの家を訪ねたとき、靴を脱いだ人が振り返って、自分の靴の向きを反対側に変えたのです。帰るときに履きやすくするためでしょうが、この行動にもとても驚きました」

さらに驚いたのは、一緒に行った人が脱いだ靴も、同じように向きを変えてあげたことだ。

「他人の靴の内側に手を入れて向きを変えてくれるなんて、信じられないほど親切な行為だと思いました」

靴を脱いで上がるタイプの日本の飲食店や旅館の玄関などには、スリッパや草履がきちんと並べて置いてある。日本人には見慣れた光景だが、公共の場で履物を脱ぐという行為は、そもそも中国ではほとんどない。飲食店や旅館のスリッパは日本で初めて目にする（家庭では玄関でスリッパに履き替える人が多い。基本的に中国人の生活様式は洋式）。

昨今の日本では他人の家を訪れる機会が減り、日本人が当たり前のように行ってきたマナーもずいぶん廃れてきている気がするので、韓氏の指摘は新鮮だった。

「日本の電車」は、中国人にとって感動の宝庫

韓氏は電車の中で見たこんなエピソードも語ってくれた。

「雨の日、日本では電車の中で折り畳み傘を丁寧に畳む人が多いですね。その上、手が濡れても折り目に沿って同じ方向に重ねて、それからボタンを留めます。こういう光景も中国では、私はあまり目にしなかったです」

日本人なら、傘を折り畳まないで持っているほうが気持ち悪く、気になってしまうと思うので、「そんなところに注目するのか」という感じだ。

さらに電車での「珍しい光景」を韓氏は続ける。

「幼い男の子がきちんと靴を脱いで座席に座り、紙に包んである飴を取り出してなめ始め、飴の紙を丁寧に折り畳んで、小さなカバンの中にしまっていました。そのしぐさ、行動がかわいらしく、親のしつけにも感動しました」

日本の電車内での出来事は、なぜか中国のSNSでよく話題に上る定番だ。日本旅行にやってきた中国人は、日本人が海外旅行に行ったときと同じように、ここぞとばかり頻繁に

SNSを更新するが、投稿内容を見ていると、観光地の写真ばかりではなく、日本人にとってあまりにもありふれた日常風景であることも多い。

たとえば、JRの電車内の座席だけの写真を撮ってSNSに投稿した四〇代の男性は、こんなコメントを載せていた。

「日本の座席は布製、中国はステンレス製。なぜだかわかるでしょうか? 日本人は布の座席でも汚さないからだ」

この男性は新幹線に乗ったときにも、こんなコメントを載せていた。

「新幹線がホームに着くと、清掃員がズラリと並んで一礼する。その姿が美しい」

清掃員の礼儀正しい姿に感動する中国人は多く、この場面は中国のSNSでよく取り上げられている。また、こんな点にも感心している。

「東京の新宿駅のプラットホームで、電車とホームの間に板のようなものを渡して車椅子の人が電車に乗れるようにしているのを見たとき、思わず息をのみ、何枚も写真を撮ってしまいました。

ああ、温かいな、すばらしいな、と感動したんですが、SNSに載せてみたら、その反響もすごかった。中国の友人に、観光地以外の日本のすばらしい一面を紹介できて、ちょっとした自慢になりました」

杭州でホテル関係の仕事をしている羅飛氏は、自分が撮った写真を見せながら、そのときの状況をこのように説明してくれた。

「杭州の地下鉄や列車で車椅子の人を見かけたことはありません。車椅子以外でも身体の不自由な人が公共交通機関に乗っている姿はほとんど見かけないです。日本で驚いたのは、駅員さんが車椅子の男性を手伝うだけでなく、その男性が介添人なしで、一人でJRの電車に乗ろうとしていたことでした。

新宿駅は世界一乗降客数が多く、混雑していると聞いたことがあります。そんな駅を身体の不自由な人が一人で利用できるなんて、信じられない。すばらしいことです」

羅氏は目の不自由な人が盲導犬とともにJRの電車内で立っている姿も見かけたことがあるといい、「中国ではまだ考えられない。いつか中国でも、もっと身体の不自由な人が安心して一人で外出できるようになればいいのに……」と話していた。

中国の道路にも点字ブロックはあるが、道路の真ん中で途切れていたり、地下鉄の構内にエレベーターが設置されていなかったりするなど、障害者や高齢者への配慮はまだ遅れている。

一人で本を読む女の子——中国ではめったに見かけない

同じく杭州在住の建築家の男性は、年に数回日本を旅行しており、彼のSNSにも中国人の目から見た素朴な日本の姿が生き生きと書き込まれている。あるときは、電車内で熱心に読書をする小学校低学年の女の子の写真を撮り、こうつぶやいた。

「分厚い本を一生懸命に読む女の子。えらいね。中国の電車では、めったに見かけない風景だ」

私はこのコメントに二つの意味が込められていると感じた。一つ目は、中国（主に大都市）の小学生の通学は、親か祖父母、お手伝いさんが送迎することが多く、子どもが一人で電車に乗る状況は考えられないということ。

誘拐事件が多く危険なので、子どもが一人で電車に乗る機会は少ない。だから、一人で電車に乗って通学する小学生が珍しくないというだけでも、日本がいかに安全で平和であるかがわかり、物珍しく映るのだ。

二つ目は、中国の小学生は電車の中で本を開かないという、そのままの意味だ。スマホ大国の中国でも、さすがに小学生はスマホではなく紙の本を読むが、電車の中で本を開くことはない。読書はたいてい家か学校でするものだからだ。

ちなみに、大都市圏を除き、中国全土ではまだすべての小中学校に図書館が設置されているわけではない。日本では公立の小中学校なら図書館とプール、体育館があるのが当たり前だと思っている人が多いが、中国ではこの三つともない、という学校もまだ多い。

北京の国家図書館のような巨大な図書館や、インスタ映えすることで話題となった大都市のおしゃれな図書館はあるが、庶民が通学や通勤帰りに立ち寄れる市立や区立の図書館は見かけない。そうしたこととも関係があるのか、電車内では日本人のほうが読書する人が多いと感じる。

とくにスマホの利用が爆発的に増えた二〇一五年以降、中国の電車内で紙の本を持ち歩く人はかなり減った。誤解のないようにいっておくが、中国人がまったく紙の本を読まなくなったわけでは、もちろんない。日本以上に本を読む人と読まない人の差が激しいのだ。

中国では二〇一六年から政府が「全民閲読運動」を推進している。国民全体の教養を高め、文化レベルをアップさせようとするもので、二〇二〇年までに全国の小中学校に図書館を設立することを目指している。

政府は民間の書店も支援しており、テナント出店料の補助や税金の優遇政策を行っている。

ネットが日本以上に普及している中国だが、大都市圏ではリアル書店も増えていて、意外にもネット書店、リアル書店ともに売上高を伸ばしている。

中国のネット系企業はスーパー、飲食店などでネットとリアルの融合に取り組んでいるが、書店に関しても同様だ。しかし、それでも電車内で読書をする人はあまり見かけない。だから、日本の電車内で女の子が熱心に読書する姿に、その男性は感動したのだろう。

なぜ書店でブックカバーをつけるのですか

中国には旧来から政府系の新華書店が各地にあったが、近年は前述した政府の後押しもあって、インスタ映えするほどおしゃれな民間の書店が次々と現れている。

貴州省発の西西弗《シーシーフー》書店、四川省発の言几又《イエンジーヨー》書店、北京発の中信書店、杭州発の鐘書閣書店などのチェーン店が有名で、いずれもカフェや雑貨売り場を併設していることが多い。

二〇一九年秋、東京・日本橋に出店して話題となった台湾の誠品書店や、東京・代官山の蔦屋書店などのコンセプトや設計を参考にしたともいわれているおしゃれな書店だが、中国では、これらのおしゃれ系書店でも、日本の書店のようなブックカバーを見かけない。

以前、上海の友人と市内の大型書店の一つ、上海書城に行ったとき、「日本のようなブックカバーはないの？」と聞いてみた。

あれだけおしゃれに進化した書店が存在するならば、ブックカバーのデザインにも凝りそうなものだと思ったからだが、中国の友人の返事は意外なものだった。

「中国の書店にはカバーはないですよ。日本ではつけるかどうか、必ず聞きますね。しかも、書店ごとにデザインも違う。なぜ日本ではわざわざ本にカバーをつけるんですか？」

カバーをつける理由を考えたことがなかったので答えに窮したが、「汚れないためじゃないの？」と答えた。友人は頷きつつ、少し考えてからこういった。

「でも、せっかくいい本を買ったのに、なぜカバーをつけて、タイトルを隠す必要があるんでしょう？　友人や周りの人に自分が読んでいる本の表紙を見せびらかすことができないじゃないですか。もったいないと思いませんか？」

確かに、自分自身もたまに間違って小難しい本を買ってしまったときなどは「持っているだけで自慢」という心境になるので、その意見もわからないではない。

日本語の本を持ち歩いている自分が好き

中国の本は欧米と同じくペーパーバックが中心なので、カバーをつける必要がないことや、カバーをつける習慣がある国は世界を見渡してもほとんどなく、日本が特殊なのだということをあとになって知った。

私は基本的には「カバーをつける派」だ。汚れを防げるし、ふだんはあまり他人にタイトルを見られたくない。日本人の友人に聞いてみても「つける派」は私と同じような理由だった。

それからしばらく経って、山東省出身の男性と待ち合わせしたとき、彼が喫茶店のテーブルに、日本語の単行本を置いて待っていた。私は着くなり「日本語の本を読んでいるの？

すごいですね」といったら、彼からは「日本語の本をいつも持ち歩いているという自分が好きなんです」という返事が返ってきた。

高校生のときに来日し、日本の大学と大学院を卒業した彼は、読書もできるだけ日本語の本にするという。新聞広告などで大きく取り上げられた話題のビジネス書は即座に購入して持ち歩き、通勤電車で読んでいるとも話していた。

幼いころに来日したわけではないので、日本語はネイティブではなく、母国語のほうが読みやすいはずだが、友人は「だからこそ、無理してでも日本語の本を読んで、日本人に近づきたいんです」と話していた。

北京のバスは怖い、日本のバスは優しい

中国で庶民が利用する公共交通機関はバスだ。北京や上海などの大都市には縦横無尽に地下鉄網が走っているが、料金はバスのほうが安く、利用する人も圧倒的に多い。内陸部の田舎に行けば、庶民の足はバスだけになる。

だが、以前のバスは、地下鉄のように誰にでもわかる路線図がなく、外国人にとってハー

ドルが高かった。近年ではスマホでバスの路線図も表示されるようになったので私も利用しているが、日本と違いバスの運転が荒く、怖い思いをした経験がある。

北京に駐在していたことがある日本人の男性も同様のことをいっていた。

「北京のバスは本当に怖いんですよ。座っていても、ときどき座席から飛び出しそうになるほど急ブレーキをかけられたりしますし、立っているときも何度も転びそうになりました。ポールにしっかりつかまっていてもバランスを崩してしまうほど運転が荒くて、もうジェットコースターに乗っているような気分。日本のバスではあり得ないことです」

バス通勤している中国人も同様の意見だ。

そのようなバスに乗車してきた中国人が日本にやってきてバスに乗ると、まったく違う意味で〝衝撃〟を受ける。

上海の日系企業に勤務する王嘉偉氏は大の日本好きだ。休暇を取って頻繁に来日する。この一年間だけでも、大阪府、香川県、福岡県、鹿児島県など日本各地を旅行して歩いた。そんな旅の達人である王氏に、日本を旅行しているときに驚いたことを聞いてみた。

日本にすっかり馴染んでいる彼は、しばらく考え込んでいたが、突然ハッと思い出したように、あるエピソードを聞かせてくれた。

「僕は日本でもけっこう田舎に行くことが多いので、かなりバスを利用するのですが、あるとき、バスが停まる前に席を立って、降車ドアのほうにゆっくり移動したんです。僕がモタモタして、他の乗客の迷惑になってはいけないと思ったからです」

ところが、気を利かせたつもりの王氏は、運転手から注意されてしまったという。

「お客様、危ないから停車してから降りてください、といわれたのです。その言葉を聞いて、僕はものすごく驚きました。

中国のバスには、停車してから降りる、という決まりや常識はありません。停車したらすぐに降りないとさっさと発車してしまうし、降りそこなったら自分が困ります。運転手も乗客も、みんな自分のことしか考えていません。

でも、日本では乗客が安全に全員降りるまでバスは絶対に発車しないで待ってくれている。そんなことが常識としてあって、それをしっかり守っている。老人や子どもがゆっくり降りるところも、運転手さんはちゃんとミラーで見届けて、確認してから発車しています。日本のバスの運転手さんって、こんなにも親切なのか！と驚いたんです」

バス車内のステッカーに、日本ならではの心配りが……

乗客の安全が第一だという日本のバスの基準が、中国人から見れば衝撃的だったのだ。この発言は、私にとって目からウロコだった。

日本人が中国でバスに乗車するのは、地下鉄に乗るよりも心理的なハードルが高いだろうと想像できるのと同様に、中国人が日本でバスに乗車するハードルも地下鉄に乗るよりも高い。だから、日本旅行でバスを乗りこなしているという中国人自体、かなり少ないはずだ。

この話を聞いたあと、私も東京都内のバスに乗ってみた。停留所に着く手前で『バスが停車してから降りてください』というアナウンスが流れてきた。あるいは、運転手さんが自らマイクを使って乗客に呼びかけることもある。

停留所で高齢者が乗車したあと、ゆっくり歩いていてなかなか席に座らないでいると「発車します。危ないのでおつかまりください」という運転手さんによる二度目のアナウンスが流れた。

バス内を改めてじっくり見渡してみたら「お降りの際はバス停に着いてから席をお立ち願います。㈳日本バス協会」という大きなステッカーが貼ってあった。

これまであまりにも当たり前のことすぎて、私はそんな親切なアナウンスに耳を傾けたことはなく、ステッカーも目に入っていなかった。日本では高齢者がもしバス内で転倒したら、それだけで大騒ぎになるし、大けがをしたら、バス会社の責任問題にも発展しかねない。

当たり前の幸せを中国人から教えてもらった。

中国への帰省中、日本で買ったポストカードが生んだ縁

先に登場した、ホテルに勤める韓氏は日記をつけている。来日してから身につけた習慣で、中国語、英語、そして日本語の三カ国語で万年筆を手にして一〇年ダイアリーを書いているという。

「以前、五年ダイアリーというものがあると教えてもらったことがきっかけでした。何でも試してみたい性格なので、できるところまでやってみようと思って一〇年ダイアリーを購入しました。

日記を書き始めてから、手紙を書くことも好きになりました。日本の文房具店では季節ごとの素敵な絵柄のカードが売っているし、地方に旅行に行くと、必ずその土地ならではのカードがあってすばらしいです。日本人はそれだけ手紙を書くということですよね」

中国では文具店でバースデーカードなどを見かけることはあるが、日本のように季節ごとの花や風景を描いた多種多様なポストカードは見当たらない。

韓氏はホテル勤務という職業柄、自分も一旅行者の立場となって、別のホテルや旅館にどのようなサービスがあるのか体験してみたいと思い、毎月のように旅行に出かけている。

旅先できれいなカードを見つけると購入し、いつもカバンに数枚しのばせている。ふと気がついたことを友人に書いて送ったり、お礼状として使ったりするためだ。そんな習慣は来日してから身につけた。

数年前、中国に帰省中だったときにも、日本のカードを使う機会が巡ってきた。彼女自身も思ってもみない場面だった。

「中国の携帯を持っていなかったので、ある日、母の携帯を借りて、高速鉄道に乗って外出したんです。でも、友人に急ぎのメッセージを送らなければいけないときにワイファイがつながらず困った事態になりました。

ちょうど近くの席の中国人男性が、日本人と日本語で会話しているのが聞こえてきました。とっさにその中国人のワイファイを借りられないかと思って声をかけ、貸してもらうことができて、とても助かったんです」

韓氏は感謝の気持ちを伝えたいと思ってカバンからカードを取り出し、その中国人に日本語で手紙を書いた。簡単なお礼状だったが、日本語がわかる人ならば、日本的な感謝の表現を理解してくれると思った。手渡された男性は意外な表情をしたが、うれしそうだったという。

そのエピソードを私に語ってくれたあと、彼女は車内で出会ったというその中国人に、久しぶりに連絡を取ってくれた。

相手の男性は当時のカードを会社の机の中に大事にしまっておいたそうで、改めて写真を送ってくれた。韓氏経由でそのカードの写真が私のＳＮＳにも送られてきた。

「二号車一七番の席に座るあなたへ。

ご親切に感謝します。おかげさまで友人と予定通りに会えそうです。あなたと同じ車両の切符を買ってくれた父にも感謝。不思議なご縁ですね。

私は韓と申します。今は神奈川県の大倉山に住んでいます。今度出張で来られる際に立ち寄ってください。大倉山にあるおいしいパン屋さんでいろいろお話ししましょう」

自然な日本語だ。手紙を書き慣れているからか、カードの中の文字の収まり具合もちょうどいい。以来、旅先で知り合ったその中国人とはＳＮＳでの交流が続いているそうだ。

中国ではＳＮＳが発達してから、ますます郵便物を出す機会が減ったと聞く。しかし、韓氏はＳＮＳを駆使しつつ、一方で日本的な手紙文化も取り入れている。

そういえば「日本に行ったら、ぜひ日本の手帳を買いたい。かわいいデザインが多いし、予定を自分の手で書き込みたいから」という友人もいた。中国ではドラマやアニメの影響で、日本の手帳に興味津々の若者が増えている。

SNSに依存するスマホ生活の中で、アナログのよさに気づいたとすれば、そこにはきっと日本の影響があるといえるだろう。

クリニックと歯科医院が多いのがうらやましい

爆買いブームのとき、おでこに貼るシートや水に濡れても剝がれない絆創膏、疲れ目に効く目薬などを大量に買う人が多かったが、中国人の医療ツアーが増えていることからもわかる通り、日本の医学や薬、健康意識の高さを見習いたいと思っている中国人は多い。

そんな中国人の多くが来日して気づくのは、日本のクリニックの多さだ。中国では、いわゆる町のクリニックというものはあまり見かけない。かかりつけ医がいない人も多く、軽い風邪程度では病院に行かないという人もいる。

近年、中国でも大企業では社員の健康診断を行うところも出てきたが、まだ大多数の企業では行っておらず、庶民にとって病院は身近な存在ではない。

具合が悪くなってから病院に行っても、診察してもらうまでの待ち時間が長く、診療時間は短い。混雑具合は日本の有名大学病院に比べても何倍にもなる。

以前、中国人の友人が東京に住み始めたころ、「東京には駅の近くに必ず小さなクリニックと歯医者が何軒もあるんですね。コンビニと同じくらいあちこちにある。これならいつ風邪をひいても、いつ歯が痛くなっても大丈夫だね」と笑いながらいっていた。

日本人にとって、中国の医療といえば、漢方薬が思い浮かぶだろう。日本にも漢方薬はあり、病院で処方される機会は増えているが、以前、中国の医師に取材した話によると、中国の漢方薬と日本の漢方薬はまったく同じものではないそうだ。

日本では西洋医（一般の医師）や薬剤師が漢方薬を処方するが、中国では伝統医学の大学などで専門教育を受けた中医（漢方医）が中医薬を処方し、西洋医とは役割が異なるという。

日本では症状から判断して西洋医が「葛根湯」などの処方名を決めることが多いのに対し、中国では一つひとつの薬草を選び、その人に合った処方を組み立てていく。

実際には中国漢方がそのまま日本に導入され、受け継がれているわけではなく、日本の漢方には日本独自に発展してきた部分がかなりあると聞いた。自分も含めて、その経緯をよく知らないので、誤解したり混同したりしている人はかなりいるだろう。

実は漢方薬の本場といわれる中国でも、現在は西洋医学の病院が全体の七割を占め、中医学の病院は三割程度だ。とくに都市部では西洋医学的な考え方が主流となってきていて、日本人と医学に関する向き合い方はたいして変わらなくなってきている。

冬に半ズボンをはかせる親が信じられない

だが、その医師によると、中国人の日常生活においては、中医学的な考え方がまだかなり残っていて、西洋医が主流となってきている医療現場とはズレが生じているという。それが端的に表れているのが、子どもに対する考え方だ。

「日本人の男の子はなぜ半ズボンをはいているの？」

数年前、春節の時期に日本を旅行した中国人の知り合いから、こんな質問を投げかけられた。聞いた瞬間は質問の意味がよくわからなかったが、観光バスの中で下校途中の日本人の小学生の姿を偶然見かけて、その軽装ぶりに驚いたそうだ。

数人が同じ半ズボンをはいていたので学校の制服だと思ったそうだが、「こんな真冬の寒い日に半ズボンで学校に行かせるなんて、日本の親は一体何を考えているんだ。風邪をひいたらどうするんだ」と思ったという。

最近でこそあまり見かけなくなったが、以前は半ズボンで走り回る小学生はどこにでもいた。男の子の制服が半ズボンという私立の小学校は今もある。

「子どもは風の子」という言葉もある通り、健康のために子どもに薄着をさせる家庭もある。積極的に裸足で過ごすことを推奨する幼稚園もあるようだ。

しかし、中国では逆。中医学的な考え方で、子どもに風邪をひかせないようにと厚着をさせるほうが多い。

中国に何度か行ったことのある人なら、着膨れしてパンパンになった赤ちゃんを街で見かけたことがあるかもしれない。冷たい風に当たるのは「身体に悪い」という中医学の考え方が生活に浸透しているからだ。

しかし、そうした考え方があるにもかかわらず、中国には乳幼児用の股割れズボン（中国語では开裆裤《カイダンクー》という）が存在する。その名前の通り、いつでもどこでも用が足せるようにと股の部分がぱっくり開いているズボンだ。股から風がスースー入ってくるので、これのほうが半ズボンよりもずっと寒いのではないかと心配になるが、以前、中国の子どもはこれをはいていることが多かった。

だが、最近、都市部で股割れズボンをはく子どもはめっきり見かけなくなった。「不衛生だ」「マナーが悪い」「恥ずかしい」「紙オムツをはかせているから不要になった」などの理由で、都市部の若い夫婦から敬遠されるようになったのだ。

子どもに股割れズボンをはかせるかはかせないかで、従来の習慣を守りたい両親（祖父母）と大論争になったという若い夫婦もいる。

ところで、股割れズボンで思い出したのが中国式のズボン下や股引《ももひき》だ。中国語ではこれを「秋褲《チウクー》（秋ズボン）」と呼び、一〇年くらい前までは、冬になると多くの人がはいていた。だが、これも「ダサい」「恥ずかしい」という理由ではく人がめっきり減ったそうだ。日本でもいつの間にか「ズボン下」はほとんど見かけなくなった。

二〇一九年、真夏の暑い時期にシャツを胸のあたりまでまくり上げ、お腹を丸出しにして外を歩く「北京ビキニ」と呼ばれる姿が、天津市や山東省済南市などで罰金の対象となった。

毎年夏になると、昔も今も、半裸状態（北京ビキニ）で街を出歩く中国人男性は珍しくなかったが、それも「文明的でない」「マナーが悪い」「世界的に中国人の評価を下げている」と酷評されるようになり、取り締まりの対象になった。

彼らにしてみれば、これまでの生活習慣を続けているだけなのに、突然「文明的でない」といわれ、取り締まりだけでなく罰金まで取られるというのは、ちょっとかわいそうな気がするが、時代の流れとともに、〝中国的価値観〟は大きな曲がり角を迎えている。

第5章

テレビの中国特集で流れる謎のテーマ曲

日本人の中国観

中国人が知らない中華料理のテーマ曲

「チャーンチャーン、チャチャチャチャーン♪　チャーンチャーンチャチャチャチャーン♪」

テレビの情報番組などで、しばしば取り上げられる「巷で評判の中華料理店」。その映像とともに必ずといっていいほど流れてくる中華風のBGMが頭にこびりついている。

中華鍋をふるうコックの映像とともにこのBGMが流れてくると「ああ、中華料理だ」と気分が盛り上がってくるから不思議だ。私は今まであまりこのBGMの存在を意識していなかったのだが、都内に住む中国人から「あの曲、おもしろいですね。でも、なぜ中華料理というと、いつもあの曲ばかり流れるの?」といわれて気がついた。

そういえば、あれ、何という曲名なのだろう?

手だてがなかったので、試しにネット検索で冒頭の「チャーンチャーン……」という文字を入力してみた。すると、なんとすぐにヒットした。私と同じように「チャーンチャーン」という文字だけで検索していた人が多いのがおかしい。

曲名は「牛細切り肉と椎茸の炒めもの Cooking Man」という。二〇〇三年にフジテレビ系列で放送されたドラマ『熱烈的中華飯店』のサントラ版の一曲だということがわかった。それにしても「牛細切り肉……」という斬新な曲名にただ苦笑するしかない。

作曲したのは著名な作曲家・編曲家の大島ミチル氏。テレビ、映画、アニメなどの映像音楽を数多く手がけてきた。

ドラマの内容は、香港発日本行きの豪華客船にある中華料理店を舞台にして、偶然集まった店員や調理人などが料理づくりに奮闘するというもの。鈴木京香や二宮和也など人気俳優陣が出演している。

このドラマは知らなくても、聴けば多くの人が「この曲、知っている」と思うはずだ。

なぜこの音楽が中華料理の定番ＢＧＭとなったのか、経緯は不明だが、おそらく日本人がイメージする中華料理の雰囲気とあまりにもぴったり合致するメロディーだったので、情報番組などのＢＧＭとして選曲される機会が多くなり、次第に定着していったのではないだろうか。

一九九〇年代に社会現象となるほど人気となったフジテレビ系の料理番組に『料理の鉄人』があった。このＢＧＭを聴くと、なぜかあの番組の中で中華料理の鉄人、陳建一氏が派手な衣装を身に着けて、豪快に中華鍋をふるっていた姿が蘇ってくる。

二〇〇三年に発表された曲で、まだ十数年しか経っていないというのに、多くの日本人に「中華料理といえば……」という強固なイメージを植えつけたのだから、その影響力はたいしたものだ。

しかし、考えてみれば、ちょっとおかしい。西洋料理の映像が流れてくるときの定番のBGMというものは思い浮かばない。日本料理についても同様だ。なぜか中華料理のときだけ、「チャーンチャーン♪」という、あのお祭りのようなBGMが流れてくるのだ。

「あの曲、おもしろいですね」といった中国人に、中国らしいイメージだと思うかを聞いてみたら「いやあ、どうですかね?」と首をかしげていた。日本人が感じる中国のイメージは、必ずしも中国人自身が持つ中国のイメージと同じではないのが興味深い。

日本で一大ブームを巻き起こした李小龍

料理以外で、中国関係の定番となるBGMといえば、ブルース・リーのカンフー映画『燃えよドラゴン』(一九七三年公開)のテーマ曲だ。

この曲を文字で表現するのは難しいが、メロディーの間にブルース・リー自身の「ウォー」という叫び声が混じり、「いよいよこれから激しいアクションが始まる」という期待感に包まれる。

彼自身や彼の映画をよく知らない若い世代でも、このＢＧＭは聴いたことがあるだろう。日本人にとって、中華料理のＢＧＭよりももっと身近で長い歴史が、このＢＧＭにはある。この曲も中国武術や中国拳法、中国風の曲芸、マジックが行われるときに、頻繁に流れてくる。

ブルース・リーについて簡単に紹介しておこう。

彼は中国名を李小龍《リーシャオロン》という香港の武術家、アクション俳優だ。役者としてアメリカで巡業中だった両親のもと、サンフランシスコの中華街で生まれた。母親がドイツ人とのハーフなので、中国人の顔立ちだが、どことなくエキゾチックだ。

『燃えよドラゴン』をはじめ『死亡遊戯』『ドラゴンへの道』などに主演して絶大な人気を博したが、一九七三年に三二歳の若さで亡くなった。

彼の活動期間はあまりにも短かったが、映画の中で発した「アチョー！」という独特の叫び声が日本中で大流行し、一世を風靡した。一九七〇年代、全国の男の子が「アチョー」と叫びながら、彼が使っていたヌンチャクという武器を振り回し、あちこちで武術ごっこをして遊んだ。

私自身も幼いころのかすかな記憶として残っているが、日本での彼の人気はすさまじく、今でも五〇代以上の日本人男性と彼の話題になると、熱っぽく語り出し、止まらなくなるほど夢中になることが多い。

私自身、この話題によって相手との会話に困らずに済んだ経験が何度もある。

一〇年ほど前、上海で取材した男性がいた。彼の故郷は広東省順徳で「私は李小龍の親戚なんです」と話していた。初対面のこの男性ともこの話題だけで何十分も会話が弾んだ。彼の両親の故郷である広東省にはブルース・リーの記念館があり、今でも中国人、日本人の熱烈なファンが押し寄せている。

「中国を代表する有名人」はなぜか香港出身

なぜ日本人はこれほどまでにブルース・リーに熱狂したのか。

思うに、筋骨隆々で、黒髪、黒い瞳の東洋人であるブルース・リーが、上半身裸で奇妙な叫び声を上げつつ、派手なアクションで欧米人をやっつけたことに爽快さを感じたのではないか。

彼の影響もあり、日本には千葉真一氏などのアクション俳優が生まれた。

ヌンチャクという、それまで見たことのない武器を自分も使ってみたいと思った男子も多かった。おもちゃのヌンチャクで遊んだことがあるという人もいるだろう。

彼が突然死を遂げたことも伝説となり、彼への憧れがその後の香港スター、ジャッキー・チェン（中国名は成龍《チェンロン》）へと引き継がれた。彼もアクション俳優で、『プロジェクトA』『ポリス・ストーリー／香港国際警察』などが日本でも大ヒットした。

そうした強烈なインパクトのせいだろうか、ブルース・リーやジャッキー・チェンを「中国を代表する有名人」だと思っている日本人はかなりいるのではないかと思う。

ネットの発達や情報番組などの影響で、近年は中国にあまり興味がない人の間にも、中国人の名前が浸透するようになった。習近平国家主席や、アリババの創業者である馬雲（ジャック・マー）、二〇一二年に汚職スキャンダルで有名になった薄熙来《はくきらい》、ファーウェイ副会長だった孟晩舟《もうばんしゅう》なども有名だ。

だが、それでも、彼らの名前が日本全国に知れ渡っているかといえば、そうではないのではないか。

個人的な感覚では、日本中の人に「中国の有名人といえば誰？」といって名前を挙げてもらったら、おそらくかなり幅広い世代の人から、ジャッキー・チェンの名が挙がるのではないか。

だが、ブルース・リーもジャッキー・チェンも厳密には香港の俳優で、中国出身者ではない。

香港はアヘン戦争後、中国から英国に割譲された植民地だったところで、一九九七年に中国に返還された。今では中国の一部に戻ったとはいえ、現在の中国とは大きく異なる社会的背景があり、香港人のアイデンティティは中国人とは異なる。

香港出身者の多くは、植民地だったときの影響で英語名を持っているので、名前も違うし、言語も違う（香港の母国語は広東語）。育ってきた環境も違うのだ。

中国と香港の違いがあまりよくわからない人にとって、香港人のスターは、つまり中国人のスターでもあり、いまだにそうした認識が広がっているのではないかと思う。

なぜ「紅色」がイメージカラーなのか

昔ながらのラーメン店や町中華でよく見かけるものといえば、赤いちょうちん、赤いテーブル、赤い丸椅子だ。すべてが赤いわけではないが、赤を基調とした内装や装飾が多い。

メニューはたいてい壁に貼ってあり、醬油ラーメン、味噌ラーメンなどの麺類のほか、麻婆豆腐、酢豚、八宝菜、餃子、チャーハン、冷やし中華などだ。

中華料理店以外でも、中国に関連するものは同じように赤い。書店の中国本コーナーに行くと、赤い表紙や帯がやたらと目につく。赤と白、赤と黒、赤と黄色という配色の表紙が圧倒的に多い。

実際に書店の書棚を眺めてみると、赤は表紙だけでなく、本のタイトルやサブタイトルにも使われていた。『紅い帝国』『紅い中国』『紅い皇帝』『紅い人脈』『紅い魔女』……。ざっと調べただけでもこれだけあり、まだ他にもありそうだ。

中国語で赤は紅色《ホンスー》という。赤にたとえられる国といえば、日本人はそれが中国だとすぐに理解できる。

日本人が作曲した不思議な中華風BGMとは違い、中国といえば赤と私たちが連想するのには、明確な理由がある。

まず、赤は中国共産党の建国からのシンボルカラーだからだ。中国国旗は「五星紅旗」といい、赤地に五つの黄色い五芒星を配したもの。赤色は共産主義革命を、黄色は光明を表す。

さらに、中国で赤といえば昔から吉祥や財運を表す「おめでたい色」であり、さまざまな場面で多用されてきた、というのが最も大きな理由だろう。

春節、結婚、開店など「ハレの日」は必ず赤いもので壁や柱を飾りつける。結婚は「紅事《ホンシー》」、結婚式で配る赤い包み紙の飴は「喜糖《シータン》」、お年玉やご祝儀の袋は「紅包《ホンバオ》」。子どもが生まれたときに親族や同僚などに配る卵があるが、それは「紅蛋《ホンダン》」と呼ばれる。

「紅《ホン》」には「人気がある」「順調」という意味があり、中国のネット上で人気のカリスマブロガーは「網紅《ワンホン》」（ネットの人気者）、中国を代表する国産高級車は「紅旗《ホンチー》」だ。

赤には古くから太陽の力、血液の力が宿るとされ、邪気を払い、パワーをつける意味がある。

中国から日本に伝わってきた風習として、日本人に身近なものといえば、還暦のときに着る赤いちゃんちゃんこがある。干支が六〇年で一巡し、再び赤ちゃんに戻る、邪気を払うという二つの意味があるとされる。

年男、年女は赤い下着を身につける風習

一般的に、日本には邪気を払うために赤いものを着るという風習はないが、中国では年男、年女のときに赤い下着を着る習慣がある。年男、年女はよくない年といわれ、赤い下着を身につけることで悪いものが入ってこないようにするのだという。年が改まる旧暦のお正月、春節の時期に中国の百貨店やスーパーに行くと、真っ赤な下着が大量に売られている。

中国各地の友人にそれぞれ聞いたところ、どの地方でもたいてい残っている風習だが、どのくらいの期間、赤い下着を身に着けるかは、かなり個人差があるようだ。

「春節の期間中だけ毎日着ていました」といったのは上海在住、河南省出身の四〇代の女性。

「恥ずかしいし、あまり気が進まなかったけれど、河南省の母親が買って待っていてくれたので、帰省している春節期間中だけ我慢して着ました。そのあとはもう着ていません」と話してくれた。

深圳の四〇代女性は、「まったく着なかったし、一枚も買いませんでした。あれは迷信ですよ。私は気にしていません。でも、父母の世代はけっこう気にしますね」と話していた。

一方、北京在住の四〇代の男性は「三六五日ずっと着ていました。おかげで、年男の一年間は無病息災、いいことが多かったような気がします」という。

お店で今も大量に売られているところを見ると、多くの年男、年女、あるいはその家族が購入していることがわかる。

白いウエディングドレスは縁起が悪い？

中国では、今も赤が好んで使われる色であることに変わりはない。それが日本にも伝わり、街の中華料理店など、中国をイメージするところやモノには赤色が多用されるようになった。

日本だけでなく、欧米の中華街などでも同様で、中華料理店といえば赤、というイメージは世界的に同じだ。

しかし、日本では少し誇張されすぎているような気もする。

中国では春節などの時期や、観光地の土産物店などを除き、都市部では日本人が想像するほどは赤色を使わなくなってきている。たとえ使うとしても、もう少し洗練された雰囲気に変化している。中国人の色に対するイメージや使い方は、社会の成熟化とともに変わってきているのだ。

都市部の結婚式では西洋にならい、かなり前から花嫁は純白のウエディングドレスを着るようになった。赤い生地の旗袍《チーパオ》（チャイナドレス）も着るが、お色直しで着ることが多く、都市部の若い女性の間では白いドレスのほうが断然人気がある。

中国で白はもともと縁起が悪い色だった。かつて日本でもそうだったが、白は哀しみを表す色で、葬儀のときに着用する。

だが、西洋化の波に乗り、今では中国人もおめでたい席で白を着ることにまったく抵抗はなくなった。ただし、日本人の男性が結婚式のとき、黒いスーツに白いネクタイを締めるのは、彼らの目には「まるでお葬式のようだ」と映り、初めて見かけたときは仰天するという（中国でお葬式にそのような服装をするという意味ではなく、白と黒という組み合わせが、そう連想させる）。

ちなみに、私の日本人の友人は、息子の結婚式に貸衣装の紋つき袴で出席し、その写真を中国のＳＮＳに投稿したところ「どこのやくざの親分かと思った」とびっくりされたと話していた。

二〇一八年に深圳にオープンした日系のＭＵＪＩ ＨＯＴＥＬは中国人の間で人気があるが、このホテルでは赤や金、黄色などはほとんど使われていない。それが中国人にこれだけ受けていることからもわかる通り、派手な色彩だけが中国人に歓迎されるわけではなくなっている。

中国でも都市部の人は、ファッションやインテリアを選ぶとき、白や黒、グレーなど飽きのこない色、目立たない色を選ぶようになった。

二〇一五年の爆買いブームのころから、日本の観光業界では毎年増え続ける中国人観光客を当て込んで、一月下旬から二月上旬の春節シーズンに「春節快楽、歓迎光臨」（春節おめでとう。いらっしゃいませ）という垂れ幕をかけている。日本人もそうした赤や黄色の派手な装飾を街で目にするようになって「そろそろ春節の時期がやってきた」と感じるほどだ。

赤が好きな中国人に喜んでもらおうと始めたサービスの一環だろうが、残念ながら、私が知るかぎり、こうした装飾に対する中国人観光客の評判はあまり芳しくない。

二〇一九年の春節のとき、蘇州からやってきた友人からは、「せっかく日本にきたのに、これじゃあ、何だか白けてしまう」という愚痴を聞かされた。

これまで何度も日本に遊びにきていた友人は、日本のシックで落ち着いた建築やセンスのいい内装をとても気に入っていたが、派手な装飾の多さに「日本のお正月は新暦でしょう？なぜここまで中国的な飾りつけをするの？」というのだ。

日本人にしてみれば、意外な反応かもしれないが、私たちが海外に行って、日本人観光客に迎合するような〝なんちゃって日本風〟ばかりが目についたら、と考えれば理解できるだろう。

チャイナドレスは民族衣装ではありません

ほかにも日本に定着している〝中国的なもの〟がある。中華料理店などで女性店員が着ているチャイナドレスだ。

襟が少し立ててあり、裾にスリットが入っていて、ボディーラインが目立つスタイル。比較的派手な色調の中華風のワンピースである。中華街や中華雑貨の店などでも既製品が売られている。日本人が想像するチャイナドレスは、先に紹介したように、中国語で旗袍と呼ばれるものである。

この服は、日本人にとっての和服と同じように中国の伝統的な民族衣装だと思い込んでいる人がいるが、それは誤解だ。旗袍は清朝の支配者だった満州族の女性が着ていた衣服である。

清朝は人口の大多数を占める漢民族が満州族に征服されてできた王朝で、旗袍も漢民族の服装ではなかったが、清朝の時代にはこれを着用していた。

しかし、清朝滅亡後、中国人の服装は大きく変化する。

チャイナドレスは中国の民族衣装ではない。では、どんな服か？

中華民国時代以降は、孫文がデザインしたともいわれる人民服が主流となる。濃紺やグレー、カーキ色など黒っぽい色が多く、日本の男子用の学生服に形が似ている。その後、中国人の服装は次第に洋服へと移行した。

旗袍は時代の移り変わりとともにスタイルやデザインを少しずつ変え、現在に至るまで中国の女性や海外の華僑の女性が着ているが、中国人女性にとっての民族衣装という位置づけではない。

男性にとっても同じで、習近平国家主席が公式な場面で着用しているのは、閲兵式やサミットなどのイベントを除いて、基本的には洋服（スーツ）である。習近平夫人で、中国の国民的歌手である彭麗媛氏はチャイナドレス風の衣装を身に着けていることもあるが、正装ではない。

漢民族の「漢服」はコスプレで着る

満州族に支配される以前、つまり明朝までの漢民族は漢服《ハンフー》と呼ばれる衣服を身に着けていた。それが清朝となり、中華民国、中華人民共和国となってからも廃れていたが、二〇〇〇年代になって「漢服復興運動」というものが起こった。

これは漢民族の伝統的な服装を公共の場で着用し、再び世の中に広めていこうという文化運動だった。しかし、実際にはあまり普及しなかった。

現在、中国人が着用しているのはほとんど洋服であり、結婚式のときに着用するのはかつて支配された満州族の民族衣装、旗袍のままだ。

海外に広まっている中国人女性独特の服装もやはりこの旗袍であり、日本人だけでなく、欧米でも中国人女性の民族衣装といえばチャイナドレス、というイメージが植えつけられてしまっているが、この点について、中国人自身もあまりよく理解していない（旗袍の歴史を知らない）。

ところで、結局、中国人の生活に再び取り入れられることがなかった漢服は、今では意外にも若者が好むコスプレの世界で人気となっている。また、中国の観光地で見かける貸衣装店でもしばしば見かけることができる。

中国の観光地では、漢服を着て川のほとりや古い町並みを歩き、日傘をさしたり、片手に扇子を持つなどポーズを取って写真撮影をする商売が流行っている。

身体のラインにフィットする旗袍と違い、漢服は上下が分かれたツーピースで、上着は日本の和服と少し似ている。全体的にゆったりしたシルエットで、中国の宮廷ドラマなどでも目にする。和服のように高価ではなく、シルクやポリエステル製で、気軽にレンタルでき、ネットでも購入できる。

中国のサイトで「漢服」と検索すると、文化的な解説よりも、「漢服衣装体験　水郷を漢服で散策　上海発着日帰りツアー（昼食つき）七五〇元（約一万二〇〇〇円）」などの旅行プランがたくさんヒットする。

二〇一九年六月、私は上海で地下鉄に乗っていたところ、たまたま漢服を着ている女子高校生たちを見かけた。ここ数年、北京や上海の街角で漢服のコスプレをしている女の子をカメラマンが撮影している場面を見かけることはあったが、地下鉄で見かけたのは初めてだったので、思わずあとを追って背後から写真を撮った。日曜日の昼ごろだったので、コスプレイヤーが集まるイベントなどがあったのかもしれない。

伝統的な民族衣装がない哀しみ

漢服といえば、もう一つ記憶に新しいのが、二〇一九年三月に武漢大学のキャンパス内で起きた「和服事件」がある。

武漢大学は内陸部の湖北省にある名門大学。桜の名所として有名で、キャンパス内には、かつて日本軍が植えたといわれる約一〇〇〇本の桜並木があり、毎年その季節になると大勢の観光客が訪れる。お花見の季節は入場料が必要で、警備員が配置されるほどの人気ぶりだが、中国のニュースサイトで事件は次のように報道された。

「和服のような姿で花見に訪れた男性が警備員に取り押さえられる騒ぎがあった。この様子を捉えた映像はインターネット上で拡散され、物議をかもした」

「男性は東北部に住む大学生で、メディアのインタビューを受けた本人によると、このとき着用していたのは日本の和服ではなく、中国古来の伝統的な衣装とのことである」

ここでいう伝統的な衣装が何だったのか、映像を見ても判然としないが、漢服だった可能性も否定できない。

警備員が、「和服だと思って取り押さえてしまった」ということ自体にも日本人としては驚くが、もし漢服だったとすれば、それが中国にほとんど浸透していないという証拠でもある。

インドのサリー、ベトナムのアオザイなどは、その国に行けば必ず街中で見つけることができ、かつ正装としても使われる、れっきとした民族衣装だが、漢服はそういう存在にはなっていない。

日本人からすると「五〇〇〇年の歴史がある」とされる中国に民族衣装がないのは意外というしかない。

何度も異民族に支配され、王朝が変わるたびに過去を壊してきた中国だからこその皮肉な現象だが、そんな中国人から見ると、異民族に支配されたことが一度もなく、長い歴史の中で自然に継承されている和服文化の存在は「うらやましい」の一言に尽きる。

多くの日本人は七五三や成人式、結婚式など人生の節目に和服を着る。日常生活でもお茶会や何かの発表会で和服を着る機会がある。夏になると浴衣を着て花火大会や夏祭りにも出かける。日本人は意識していないかもしれないが、その伝統は途切れることなく、日本人が守り続けてきたものだ。

中国人の中には、コスプレ的に和服を楽しむ人がいるが、彼らから見て、日本の文化は、元号と同じく、潜在的に羨望の気持ちを抱く対象になっている面もある。

中国人といえば「烏龍茶を飲む」は間違いです

中国人が好む飲み物といったら、日本人は何を想像するだろうか。

第1章では、彼らがお湯を好んで飲んでいると書いたが、中国人といえば中国茶をよく飲むというイメージも持っている人が多いのではないかと思う。

お茶は紀元前に中国で発見された。漢の時代の医学書にはすでにお茶に関する記述があったとされる。当初は上流階級の人々の間でのみ親しまれていたが、次第に一般庶民へと広がっていき、清の時代には最盛期を迎えた。

中華人民共和国になってからもお茶は飲まれていたが、文化大革命の際、贅沢品の象徴として弾圧され、栽培が制限された時期があった。以後、お茶文化は香港や台湾にも広まり、現在では中国の福建省や台湾でさかんに栽培されている。

一口にお茶といっても発酵度合いによって六つ（または七つ）に分類されており、幅が広い。日本人にとって馴染み深いのは日本茶、紅茶、烏龍茶の三つだろう。

日本茶は緑茶の分類で発酵度はゼロ。紅茶は発酵度一〇〇％。烏龍茶は青茶という分類になり半発酵茶である。

とくに、中国人が飲んでいるお茶といえば、真っ先に烏龍茶を思い浮かべる日本人が多いかもしれないが、答えはノーだ。中国茶＝烏龍茶ではないし、中国人がよく飲んでいるお茶は烏龍茶ではない。

ＣＭで定着した中国イメージ

日本人が中国茶といえば烏龍茶と思い込む背景には、日本に最初に本格的に入ってきた中国茶が烏龍茶だったことがある。日本で烏龍茶が最初に報道されたのは一九七八〜七九年ころ。当時大人気だった歌手のピンク・レディーが美容のために飲んでいるという話がメディアで取り上げられて脚光を浴びた。

それまでの日本人は烏龍茶の存在をほとんど知らなかった。日本人が飲むのは日本茶（緑茶）が中心で、夏には麦茶も飲むが、これは厳密には「茶」ではない。

一九八一年二月、飲料メーカーの伊藤園が世界で初めて缶入り烏龍茶を商品化した。同年一二月にはサントリーも缶入り烏龍茶を発売。これらがきっかけで、日本に急速に広まっていった。

同年、サントリーは烏龍茶のテレビコマーシャルを開始する。

セピア色の画面の中、清朝の役人のような服装をした男性のイラストが映し出され、左手に缶入りの烏龍茶を持っている。そこでこんなナレーションが流れる。

「人生平和のこと　妻への愛のこと　烏龍茶はサントリーのこと」

続いて「サントリーウーロン茶一〇〇円　無糖　無着色　福建省産原料使用」という文字が画面に大きく現れる。

サントリー烏龍茶のCMが数多くの日本人の心に鮮烈な印象を残すようになったのは、中国ロケの映像とともに放送されるようになった一九八七年以降だ。

広告を制作したサン・アドのホームページに、歴代ＣＭの一覧と当時のクリエイティブディレクターだった安藤隆氏のコメントが掲載されている。

一九八七年の「茶摘み篇」は初めて中国ロケを敢行、烏龍茶の本場、福建省武夷山で撮影できたとある。茶摘みの映像をバックにしたキャッチコピーは「お茶の葉主義」。中国産の茶葉を使った本格派ということを日本人に強く印象づけた。

それから毎年中国各地でロケを行い、新しいＣＭが放送されるようになる。次第に「サントリー烏龍茶」のコマーシャルの独特の世界観が出来上がっていった。

一九九〇年は「京劇院篇」、九二年は「いつでも夢を篇」、九三年は「結婚しようよ篇」。日本のヒット曲の中国語によるカバーが大きな話題となり、のちにアルバムにもなった。

一九九二年のキャッチコピーは、とくに印象に残るものだった。

「あーさんもご一緒に　うまさ四〇〇〇杯　やっぱり烏龍茶はサントリーのこと」

中国人の俳優や一般の人々を起用した映像は素朴でレトロ、すっきりとした味わいの烏龍茶と重ねるように、清潔な雰囲気を醸し出し、どこか郷愁を誘うものだった。

当時中国に行く日本人はまだ多くなく、天安門事件後で日系企業も少なかった。この烏龍茶のコマーシャルを見て、中国に対するイメージが好転した日本人は多かったと思う。

私は一九九〇年と九三年のCMに出演した京劇俳優の嚴慶谷氏に、二〇一六年に上海でインタビューしたことがある。端正な顔立ちをした嚴氏は八九年に初来日し、CMに出演したと照れながら話してくれた。

「京劇院篇」では練習する京劇院の俳優という実際の姿と同じ役柄で出演。「結婚しようよ篇」は新郎役で、隣に立つ中国人女性とともに、胸に花を飾って家の前に立つ姿が凛々しかった。

嚴氏は上海京劇院に所属する国家一級俳優で、現在も国内外の舞台で活躍している。

二〇〇九年には「イー、アー、サン、スー、烏龍茶」という名コピーが誕生した。

翌二〇一〇年には日本でも有名な中国人女優、范冰冰《ファンビンビン》氏が出演して話題になった。しかし、このころを境に、次第に「中国」を連想させるようなCMは減少していき、日本国内を意識するような演出に変わっていく。

二〇一九年現在、サントリー烏龍茶のCMにはお笑い芸人のサンドウィッチマンが出演している。烏龍茶が完全に日本人の日常生活に溶け込んだ証だと思うと感慨深い。

日本ほど烏龍茶を飲む国はない

烏龍茶が日本人に受け入れられたのは、烏龍茶に含まれる烏龍茶ポリフェノールに脂肪吸収を抑える効果があり、健康志向の時代にマッチしたこともある。

四〇年前の日本で、オフィスで烏龍茶を飲んだり、居酒屋で冷たいウーロンハイを注文したり、ペットボトルを持ち歩いたりすることになるとは、誰も想像しなかった。

烏龍茶ほど日本人の生活に深く入り込んだ中国由来のものは他にないかもしれない。「日本人のほうが中国人よりも烏龍茶を飲んでいる」といっても過言ではないと思う。前述の通り、烏龍茶＝中国を代表する茶ではなく、中国中の人々に愛飲されているお茶ではないからだ。

烏龍茶が最もよく飲まれているのは、産地でもある福建省や台湾などで、他の地域では現在でもそれほど多く飲まれていない。烏龍茶は地方のローカルなお茶だからだ。

おおまかにいうと、北京ではジャスミン茶（茉莉花茶）が比較的好まれ、上海や浙江省などでは龍井茶《ロンジンチャ》という緑茶が好まれる。広東省ではプーアール茶（普洱茶）という黒茶をよく飲む傾向がある。

それぞれの地域の気候風土や食事の味つけによって飲むお茶も異なり、広東省の人々にとって飲茶（広東語読みでヤムチャという。点心をつまみながらお茶を飲む習慣）のときに最もよく飲むのはプーアール茶だ。

広東省の人は「食事の油を洗い流してくれる」といって、朝からシューマイや春巻をつきながら、小さな器でプーアール茶を何十杯も飲む。一回の食事で五〇杯以上は飲んでいるだろう。

サントリーの烏龍茶が中国でヒットした理由

そんな中国でサントリーがペットボトルの烏龍茶を製造発売したのは一九九七年だった。日本の飲料メーカーがお茶の本場、中国に乗り込んだのだ。現在でいえば、カレーハウスＣｏＣｏ壱番屋が、カレーの本場、インドに進出するのと同じようなものだ。

当時、上海でサントリーの烏龍茶がどれほど受け入れられているのか取材したことがあるが、当初は比較的冷ややかな目で見ている人が多かったように感じた。

中国人にとってお茶は温かい飲み物だ。日本と違い、茶葉は急須に入れず、湯呑みに直接入れて、その上からお湯を注ぎ、茶葉が沈んでから飲む習慣がある。だから、ペットボトルにお茶が入っていて、しかも温かくないのだから、受け入れられないだろうと思われていた。

ところが、いざ販売を開始したところ大成功。三得利《サンダーリー》（サントリーの中国語名）と大きく書かれたシンプルなデザインのペットボトルに入った烏龍茶は「おしゃれで、これを持っているとカッコいい」「健康によさそう」と評判になり、若者を中心に飲まれるようになった。

日本では甘い烏龍茶は販売されていないが、中国では台湾系のメーカーなどが以前からお茶飲料に甘味を入れていたことなどもあり、低糖の烏龍茶も販売されている。日本人としては甘い烏龍茶は気持ち悪いという感じもするが、考えてみれば、かつて日本でも甘い麦茶を飲む習慣があった（今も飲んでいる地域はある）。人間の味覚や嗜好というのは、常に一定ではなく、変化していくものだ。

現在、最もおいしい烏龍茶が飲めるところといえば台湾だろう。

台湾では「凍頂烏龍茶」や「東方美人茶」などさまざまな種類の烏龍茶を味わえる。日本人の多くは、缶やペットボトルの烏龍茶に親しんだため、麦茶のように茶色い飲み物と思っているかもしれないが、急須で淹れた台湾の烏龍茶は、きれいな黄金色をしている。

茶葉は品質（等級）によって価格や色がかなり違い、最高級の烏龍茶は黄金色に輝いているといわれる。茶色い烏龍茶だけではないのだ。

「ワタシ中国人アルヨ」「それは白いのお皿」の由来

日本人がイメージする中国人の「話し方」というものがある。

「ワタシ、チュウゴクジン、アルヨ」「アナタ、キレイ、ナイヨ」

一九六四～六九年にＮＨＫで放送された『ひょっこりひょうたん島』の中国人キャラクターがこのように話していた。

一九八〇～八四年にマンガ雑誌に連載され、アニメ化された『Dr.スランプ』の摘鶴天《つんつるてん》一家や、一九八七～九六年にマンガ雑誌に連載され、同じくアニメ化されて人気となった『らんま1／2』のシャンプーが話していた言葉でもある。

二〇〇六年から放送されたフジテレビ系の番組で漫才コンビ、北陽の虻川がチャイナドレスを着て「アブチャン」という役名で話していたし、二〇〇八年に出版されたマンガ『ヘタリア Axis Powers』の中国（国を擬人化したキャラクター）も話していた。かなり幅広い層の日本人が、このような「中国人が話す変な日本語」をテレビやマンガ、ネットなどで聞いたことがあるのではないだろうか。

これらは「〜〜アル」「〜〜アルヨ」といういい方が特徴的な「アルヨことば」、または「アル語」などと呼ばれる日本語表現のことだ。

『コレモ日本語アルカ?』（金水敏著、岩波書店）によると、「アルヨことば」は言語学で「ピジン」と呼ばれているものだという。同書ではこう解説されている。

「ピジンとは二つ以上の言語が接触する場で、自然発生的に用いられる奇形的な言語である。当座の間に合わせのため、耳で覚えた相手の言語のわずかな単語や文法をつなぎ合わせて、何とか用を足そうとするときに生じる『片言』が、社会的にある程度慣習化したもの」

横浜や旧満州など、日本人と中国人、あるいはさらに別の言語を話す民族がいるところで、意思疎通をできるだけ簡単に行えるようにするために編み出された。

「私は日本人です」「私は日本人ではありません」というのが正しい日本語だが、このように話せるようになるには時間がかかる。肯定と否定を「アル」「ナイ」だけで簡単に表現し、最低限のコミュニケーションを図る目的で広まったとされる。

同書によると、「アルヨことば」の正確な起源はわからないそうだが、宮沢賢治の童話集『注文の多い料理店』（一九二四年）に収められている「山男の四月」の登場人物である中国人が、すでにこのような話し方をしていたという。

一九五〇年代から六〇年代にかけて、日本映画の中国人が「アルヨことば」を話すようになり、感嘆詞「アイヤー」や、助詞の「の」が足された「心配ないのこと」「食べるのとき」など、「中国人にありがち」な話し方をするようになった。

一九六〇年代まで「アルヨことば」を話す中国人のイメージはほとんどが男性で、しかも手品師や料理人、労働者などが多かったが、前述したように、一九八〇年代以降は女性も話すようになり、しまいには美少女キャラクターも話すようになった。

子どものころに家族で来日した四〇代の中国人によると、彼女の母親（七〇代）は大人になってから日本語を覚えたため、「アルヨ」は使わなかったものの、「私が飲んでいるのお茶」「白いの皿」などの表現をすることが今もたびたびあるという。

中国語では「我喝的茶《ウォーフーダチャ》」（私が飲んでいるお茶）、「白色的盆子《バイスーダパンズ》」（白い皿）という表現をするため、「的」を「～の」として日本語に翻訳したのだ。

現在ではこのような表現をする中国人はほとんどいなくなったが、一定以上の年齢の日本人にとって「イメージの中の中国人」は、いつまでもこのような話し方をしている。

中国人以上に「三国志」が好きな日本人

日本人は中国の「三国志」が大好きだ。もととなった『三国志演義』は劉備、関羽、張飛といった男たちが熱い友情で結ばれ天下を取っていく物語。一四世紀、明の時代に完成した長編小説である。

日本には熱狂的な「三国志」ファンが多数いる。日本人に大きな影響を及ぼしたのは今も大人気である小説『三国志』（吉川英治著）やマンガ『三国志』（横山光輝著）などで、それ以外にも複数の小説、アニメや人形劇などになった。

私が三〇年前に四川省の重慶から長江の三峡下りをした際、大部屋で一緒に過ごした日本人の男子大学生たちが大の三国志ファンで、中国語はほとんどできないのに、「三国志」に縁がある成都の「武侯祠《ぶこうし》」(諸葛亮を祀った廟)を見てみたいという強い思いから、バックパックで四川省まできたと語っていた。

そのころ私は「三国志」についてほとんど知識がなかったが、退屈な船の中で、彼らから登場人物の特徴を教えてもらい、何時間も夢中になって「三国志」ゲームをやったことは今も鮮明に覚えている。

日本人にとって「三国志」は趣味であり、教養であり、生きがいであり、マニアにとっては熱狂的に愛してやまない特別な存在なのだ。

二〇〇八年と二〇〇九年に前後編として上映された中国映画『レッドクリフ』が大ヒットしたことを覚えている人は多いだろう。二〇一九年には東京・上野の東京国立博物館・平成館で『特別展 三国志』が開催され、二〇二〇年には日本で映画『新解釈・三國志』が公開される。

これほどまでに日本人が「三国志」に惹かれるのだから、「三国志」が生まれた中国でもきっと同じか、それ以上に熱狂しているに違いないと思いきや、そうでもない。もちろん中国で「三国志」を知らない人はいないし、「三国志」関連の書籍や映画、ドラマなどもたくさんあり、人気はあるが、日本人ほどマニア的に熱狂している中国人は多くはない。

以前、東大に留学していた中国人男性は「最近はだいぶ減ってきたが、以前、日本人の中高年男性は、私を見かけるとすぐに『三国志』の話題を持ち出し、どの登場人物が好きかなど、あれこれ質問してきて困りました。私の周囲では日本人のようにオタク的にはまっている人はそれほど多くはありません」と語っていた。

彼によれば、中国より日本のほうが断然「三国志」オタクが多いという。ほかの人に聞いても、「三国志」好きでは世界で日本人の右に出る国民はいないという意見の人が多い。

なぜ日本人は「三国志」にハマるのか

なぜ日本人はそれほど『三国志』にハマるのか。以前、ビジネス系メディアの取材で、明治大学教授の加藤徹氏にインタビューしたことがある。

加藤氏は中国の京劇が専門で、日中の比較文化や芸術、サブカルチャーなどにも詳しい。

加藤氏によると、日本に『三国志』が紹介されたのは室町時代、中国に修行に行っていた五山の僧侶たちが日本に持ち帰ったことからだといわれている。一般の庶民に広まったのは江戸時代になってからだ。

『三国志』は中国の「四大小説名著」の一つで、同じく名著の『水滸伝』や『西遊記』も同じころに日本に入ってきた。なぜ日本に受け入れられたのかというと、日本にありそうでなかったジャンルで、日本に欠落していたコンテンツだったからだという。

加藤氏は次のように解説する。

「江戸時代までの日本の物語は『源氏物語』のような優雅な貴族の恋愛とか、鎧武者同士の合戦とか、庶民とかけ離れた主人公の物語が多く、庶民にとっておもしろいとはいえないものでした。そこで、江戸時代の日本人は、自分たちより数百年も早く庶民階層の娯楽文化を確立した中国からコンテンツを輸入したのです。

『三国志』はいわば知恵と知恵との戦い、権謀術数の世界で、英雄豪傑が多数登場する物語。庶民目線の世直しの物語である『水滸伝』や、ゲーム感覚でゴールを目指す『西遊記』のようなお話も日本には存在しなかったので、日本人にとても斬新に受け止められ、大人気となったのです」

ちなみに、残る名著の一つ『紅楼夢』は中国では人気があるが、日本には『源氏物語』など世界的に見ても心理描写が優れた恋愛文学の傑作がたくさんあったので、あまりメジャーにならなかったそうだ。

『三国志』の登場人物で、日本では劉備が最も人気があるが、加藤氏によると、その理由は判官贔屓《ほうがんびいき》の心理があるからだという。

日本の民衆は悲劇の最期を遂げた鎌倉時代の武士、源義経に同情する心理があるが、最も小さな国、蜀の劉備にも同じように心惹かれた。

「現代の人気漫画雑誌『週刊少年ジャンプ』の三大原則は『友情、努力、勝利』ですが、『三国志』は何百年も前に同様のコンセプトで、魅力的なキャラクターたちを創造しました。江戸時代には空前の中国ブームが巻き起こっていたのです。

日本にありそうでなかった物語だからこそ、江戸の庶民は飛びついたし、その魅力は現代の日本人にまで引き継がれているのでしょう」と加藤氏は語る。

口ベタ、シャイな中国人だっているんです

「自分の日本語に自信がないこともあって、大きな声でしゃべることが苦手なんです。このままではいけないと一念発起して、都内にある『話し方教室』に通いました」

こう語るのは、第4章にも登場した鄧泳珊氏。広東省出身の二〇代の女性で、二〇一八年から約一年間、日本に研修に来ていた。

シャイな性格なのは幼いころからだが、東京にいる間に、会社以外の日本人と話す機会を持ち、自分の世界を少しでも広げようと思い立って、話し方教室に通い始めた。

「参加したのは八回のベーシックコースです。講義と実践がありました。講義ではスピーチの材料集めの仕方や、人前であがらないコツ、敬語の使い方などを教えてもらい、実践では、日本人の参加者の皆さんと会話練習する時間が持てました。

なるべく高い声でしゃべることを心がけたほうがいいという指導があって、意識して声を高くしていたら、不思議と表情も明るくなりました。日本語の早口言葉を覚えたり、口をよく動かす体操などもあって、おもしろかったですね。

来日してから仕事で初対面の日本人と会う機会が多く、そのたびに緊張していたのですが、話し方教室に通うことで、以前よりも大きな声で、しっかり話ができるようになったので、本当によかったと思いました」

私が鄧氏と初めて会ったのは二〇一九年五月。鄧氏はやはり、少し緊張しているように見えた。

雑談しているうちに緊張がほぐれていったが、日本では中国人というと「声が大きい」「よくしゃべる」というイメージが強い。

中国人女性に対しても、そのようなイメージがあると思うが、当然ながら、すべての人がそうではない。鄧氏のように、母国語でも日本でも、口ベタで人前に出るのが苦手という引っ込み思案な女性も大勢いる。

母国にいるときにはさぞ苦労したのではないかと思うが、会社内での交流は別に問題ないという。日本にきて行動範囲を広げ、口ベタを少し解消できた。

勤務している会社では毎日朝礼がある。

その際、社員が順番で三分間スピーチをすることになっていて、気になったことなどをしゃべる。鄧氏にも順番が回ってくるが、そのネタ探しをしなければならないことと、人前に立ってしゃべることが苦痛だった。だが、話し方教室に通って堂々とスピーチできるようになったことで「自分が成長できたし、日本に住んだことで自信がついた」と話している。

汚いトイレが苦手な少女

「中国の汚いトイレには、絶対行きたくありません」

数年前まで、日本人（とくに女性）にとって、中国のトイレは汚くて臭く、なるべく入りたくない場所だった。中国人自身でさえ中国のトイレの汚さは認めていて、「なるべく公共のトイレには行かない」といっている人もいた。

中国に古くから通っていた日本人は、中国のトイレといえば「ニーハオトイレ」を懐かしく思い浮かべるはずだ。ドアがない、間仕切りがない、ただ穴か便器だけがあるトイレで、誰か入ってきたら丸見え、という形態のトイレのことだ。

「ニーハオ」（こんにちは）と隣に入った人に話しかけられるようなトイレなので、外国人からはこう揶揄された。

そんなふうだったので「来日して、日本のトイレのきれいさに感動した」と語った中国人は数知れない。

拙著『中国人エリートは日本人をこう見る』では、二〇一〇年にヒットした日本の歌謡曲「トイレの神様」を通して、日本人の精神を学んだという女性のエピソードを書いた。

私はこれまで中国のトイレ事情について何度も取材してきたが、中国人の家庭のトイレはとてもきれいだ。一方、公共のトイレは不潔、古い、水が流れない、臭いが染みついているなどの理由から敬遠され、長年改善されずにいた。

ところが、北京オリンピック（二〇〇八年）を契機に、トイレは少しずつ改善されていった。上海で最初に「変化の兆し」に気づいたのは二〇一四～二〇一五年ころ。街中にある公衆トイレが改装されていたので覗いてみたところ、各個室もきれいになっていた。

以降、怒涛のスピードできれいになっていくのだが、中国のトイレが本格的に変わったきっかけは、二〇一三年に習近平国家主席が就任したことによる。

就任直後から「トイレ」について言及し、二〇一五年には「二〇一七年までに全国の五万七〇〇〇カ所に公衆トイレを新設、改装する」と宣言。二〇一七年末には計画を上回るスピードで新設、改装が行われ、これは「トイレ革命」といわれた。

習主席がトイレにこだわるのは、国家全体で生活の質を上げるためだ。中国は文化面でも先進国の仲間入りを果たそうとしており、社会インフラの整備にも取り組んでいる。

こうした改革により、二〇一七年ころから、少なくとも大都市の空港のトイレは「日本以上にきれいだ」と実感するようになった。公共の場所やショッピングセンターなどでもトイレットペーパーが設置され、水がきちんと流れるようになった。

内陸部の農村に行けばまだ旧態依然としたところはあるが、一〇年前とは全然違う。日本人が過去のイメージのまま中国のトイレに入ると、感動するかもしれない。

だが、上海に住む友人の娘は、中国生まれ、中国育ちの中国人でありながら、「中国のトイレ」が怖いという。友人の娘は一一歳。インターナショナルスクールの小学部に通っている。学校のトイレはきれいだが、外出するときは絶対トイレに行かないという。

「娘さんが幼いころにはすでに中国のトイレはきれいだったんじゃない？」と尋ねたが、幼いころに訪れた観光地の寺のトイレがあまりにも汚くて、お気に入りのスカートのすそを汚してしまった。それがトラウマになってしまったのだそうだ。

どうしてもトイレに行きたいときには、出先からいちばん近い高級ホテルまで急ぐという。

まるで中国に慣れない外国人女性のような行動だが、中国で生まれ育った人でも、汚いトイレのイメージが抜けきらないとは意外だった。

中国人の日本イメージ、日本人の中国イメージ

ここまで、中国人が不思議に思う日本人の中国観を紹介してきたが、なぜ多くの人が同じようなステレオタイプを抱くのか。

その経緯や理由を知ることや、そのこと自体に関心を持つことは、私たちが自らの姿を顧みて、相手からどのような目で見られているのかという客観的な視点を持つきっかけになる。

もちろん物事をステレオタイプで見てしまうのは、日本人に限ったことではない。中国人も、他の外国人も同様だ。

これまで中国人に取材してきた印象では、彼らにとって「日本といえば……」という最も

典型的なものは「桜」「富士山」「ラーメン」「温泉」だ。いずれも日本を象徴するもので、多くの中国人がこれらを挙げる。「和服（着物）」「寿司」「アニメ」と答える人も多い。日本には、日本人が考えている以上に、世界的に誇れるものがいくつもある。

個人差があるが、この中でも多くの中国人が「大好き」と思うものは、「桜」と「ラーメン」だろう。この二つに関しては、世代や出身地などを問わず、「日本に行ったら見てみたい」「食べてみたい」ものだ。

私が知るかぎりでは、中国人が抱く日本に対するステレオタイプは、「礼儀正しい」などもあるが、具体的な「モノ」で、かつけっこうポジティブなものが多い。

一方、日本人が抱く対中イメージはどうだろうか。私の日本人の友人が毎年東京大学で行う特別授業での一コマを思い出した。

彼は元商社マンで、長年中国や香港、台湾に住んだ経験がある。彼が教授から依頼されて行う授業を、私は一〇年以上聴講している。

学生たちは理系の学部生で、中国について特別に学んだことがない。そこで友人はいつも冒頭で「中国といえば思い浮かぶものを一人一つずつ挙げてください」と尋ねるが、飛び出すのは、中国人が思い浮かべる日本よりも漠然としていて、ネガティブなものが多い。

この一〇年間、毎年挙がるのは「土地が広い」「人口が多い」「声が大きい」「多民族国家」「中華料理」「パンダ」「格差社会」「華僑」「自己主張が激しい」「民族問題」「PM２・５」などだ。「桜」や「ラーメン」といったモノの名前を挙げるのとはずいぶん異なる。

これらの単語を見れば、東大の学生といえども、一般の日本人とイメージしているものはあまり変わらないということがわかる。

これら以外に、二〇〇八年には「毒ギョーザ」、二〇一二年には「反日デモ」という、その年を象徴する単語が挙がった。近年では「ウィーチャット」「アリババ」「お金持ち」「ファーウェイ」という単語も挙がるが、基本的に対中イメージはあまり大きくは変わっていない。

日本人が思い浮かべる中国はいつも漠然としていて、「富士山」や「桜」のような、誰もが口にするような象徴的なものは見つからない。先述したように、日本人が思い浮かべる代表的な中国人が、いつまでもジャッキー・チェンであることと同様だ。

それだけ中国は巨大で、捉えきれない、ということなのかもしれない。

「花見」に熱狂、マニアックな楽しみ方

双方とも、相手に対するイメージを形成していく過程で、最も影響を及ぼすのは自国のマスメディアだ。

中国のマスメディアで日本関連の映画やアニメ、ドラマに桜が登場する場面が繰り返し報道されることで、彼らの日本に対するイメージは出来上がっていった。今ではそれが個人メディアにも拡大している。

カリスマブロガーでなくても、個人のSNSが大勢の人に大きな影響を与える時代になった。ラーメンに関しては第1章で述べた通りだが、桜について中国人の興味や関心が強くなったのは、二〇一五年の「爆買い」ブーム以降で、ごく最近のことだ。

三~四月に日本を訪れた中国人が桜を見て、その美しさに感動し、中国のSNSで大量に拡散された。「爆買い」ブームの副産物である。

桜に関する情報がSNS上にあふれ返ることで、中国人は「頭の中でイメージしていた日本」が現実に手の届くところにあることを知った。中国にも桜の木はあるのに「桜の本場」

である日本で見ることに価値を置いた。

二〇一九年三月、東京で桜（ソメイヨシノ）の開花が発表された日、盛り上がったのは日本人だけではない。海を越えた中国でも同様だった。

新元号が発表されたときと同じく、日中の間に時差はもはやまったくない。しかも、開花日だけではなく桜の開花予想までチェックしていたのだ。

私が見たＳＮＳで最も速かったのは一月中旬に中国人の友人が投稿した日本の気象庁の開花予想図だった。そんなことまでチェックしていたことに驚かされた。

日本の情報に精通している中国人の花見は、私たちの想像をはるかに超えてマニアックだ。

外国人の花見といえば、東京では新宿御苑や千鳥ヶ淵、上野公園あたりが人気の的だ。中国人も以前そのあたりに出かけていたが、彼らはあっという間に「ありきたりなお花見」を卒業した。

中国人が最近出かけているのは静岡県の河津桜や、福島県の三春桜、長野県の高遠桜など、日本人でもなかなか行けないような地方の観光地にある桜だ。

日本人にとっての花見は、必ずしも「観光」とはいえないが、わざわざ来日する中国人にとって花見は観光そのものであり、メインイベントでもある。旅行のモチベーションになっているといってもいい。東京から青森まで、桜前線の北上に伴って各地を転々と花見をしながら旅行するほどの達人もいる。

イメージのギャップを認識する重要性

上海在住で大学講師を務める友人夫婦は、ここ数年、日本全国の桜を見て歩いた。二〇一九年のお花見はどこに行くのだろうかと期待していたら、青森県の弘前公園の夜桜見物に行き、ライトアップされた幻想的な桜と弘前城の写真をＳＮＳに載せていた。

日本でも桜のシーズンになると、当然ながらＳＮＳ上で桜の投稿は増える。桜の全景を撮る人や、幹から飛び出した小さな花をアップで撮る人もいるが、中国人は、圧倒的に桜をバックにした自撮り写真が多い。

和服を着て撮影することもあり、ときには枝を触ったり（マナー違反として問題にもなったが）、桜の木の前でモデル並みにポーズを決めて撮ったりすることもある。撮影のアングルにはとことんこだわり、最近では散って地面に落ちた桜の花びらの写真も撮るようになった。

日本人に比べて力の入れ具合は桁違いで、是が非でもすばらしい桜の写真を撮りたいという意気込みを感じる。

中国人の「桜愛」は極まるところまできており、今では中国国内での桜の植樹活動がさかんに行われるまでになったが、その肩に力が入っている様子を見ていて、いささか「やりすぎ」のような違和感を覚えないでもない。

日本人として、日本の桜に興味を持ってくれるのは、もちろんうれしい。それに、彼らが日本のいいイメージを母国に伝えてくれるのはありがたいのだが、私が思ったのは、「実物がある場所にいる人よりも、実物がない場所にいる人のほうが、その対象に対して、よりイメージを膨らませてしまい、ときにはデフォルメし、現実とのズレが生じてしまうということがあるのではないか」ということだ。

つまり日本人が考える以上に、「日本は桜の国」というイメージが強くなりすぎるのだ。

そういう点で、春節の際、日本人が必要以上に真っ赤な飾りつけをして中国人を喜ばせようとしてしまうというところと、どこか共通点があるのではないかと感じた。

日本人は中国といえば赤、と感じるが、街中が真っ赤ではないし、先述したように社会の成長に伴って中国人は変化し、シックで近代的な街並みも広がってきている。

本書では、中国人から見た日本を紹介してきたが、私たち日本人からすれば、「痛いところをつかれた」「そんなふうに思っていたのか」という面もあるし、「それは古い」「ちょっと違う」といいたくなる側面もあるだろう。

だが、人間が抱くイメージ、先入観というものは、そもそもそういうものなのかもしれない。そこにギャップがある、ということを認識しておくことが何より大切なのではないだろうか。

あとがき

本書は、食文化、仕事、人づき合い、社会、日本人の中国観という五つのテーマについて、中国人は日本や日本人をどう見ているのか、さらに日中双方の認識やイメージにはどのようなギャップが存在するのかについてまとめたものだ。

といっても、私自身、中国人の食から社会まで、すべてに精通しているわけではもちろんない。むしろ、取材してみて「まだ知らないことが多い」というのが、本書を執筆し終えての率直な感想である。

身近な中国人の友人から聞いて驚いた話や、中国の街を歩いて感じたこと、日本に住んだり、旅行で訪れたりした中国人と接点を持つなかで私自身が考えたことをベースにしている。

だから、正直にいえば、情報には多少の偏りがある。

もちろん、多角的に情報を集めるように努力し、検証もしたが、文献に載っていないことも多い。もしかしたら、「そんな考え方や習慣は、知り合いの中国人から一度も聞いたことがない」という人がいるかもしれない。

それを痛感したのは、何かを聞くたびに「地方によって風習や習慣、考え方も異なる」と彼らが答えるからだった。言い訳ではなく、彼ら自身、本当にそう実感しているのだろう。

事実、北京の友人から聞いたエピソードを上海の友人に話すと、「知らない」ということがけっこうあった。

たとえば結婚式でも、北京など北方では昼間に、南方では夕方から夜にかけて行うことが比較的多い。また、小さなクリニックは大都市ではほとんど見かけない、と本書に書いたが、内陸部にはけっこうある。田舎では、山を一つ超えれば方言が異なり、会話がほとんど成立しないこともある。

この地域差は日本人の想像をはるかに超える。これに個人差や年齢差も加わるので、「中国は、こうだ」といえないことがあまりに多く、それが、小さな国、日本に住む私たちの中国理解を阻んでいる側面もある。

日本に住む「日本人」である私が執筆するには、身近で生活に密着したテーマだからこその難しさがある、と挫折しかけたこともあった。だが、それは広大で多様な中国に住む中国人自身も同じでは、と思い直し、私なりの目線で、彼らの認識を紹介しようと心に決めた。中国社会は、一〇〇年に一度というほどの猛スピードで激しく変化している。そんな「今の中国」の一端が、本書で紹介できていれば幸いである。

また、私が長年関心を持ち、取り組んできたテーマだが、中国人の目線を通して、私たちの国、この日本を客観的に見つめ直す機会やヒントにつながればと思う。経済的に豊かになり、以前に比べ視野が広がった中国人だからこそ、日本を見つめる目線は冷静で、客観的になりつつあり、ときに鋭い。

最後に、本書の企画立案から執筆まで、日本経済新聞出版社の野澤靖宏氏と雨宮百子氏には大変お世話になりました。ありがとうございました。

二〇一九年一一月

中島　恵

中島　恵　なかじま・けい

1967年、山梨県生まれ。北京大学、香港中文大学に留学。新聞記者を経てフリージャーナリスト。中国、香港、アジア各国のビジネス事情、社会事情などを執筆している。著書に『中国人エリートは日本人をこう見る』『中国人の誤解 日本人の誤解』『なぜ中国人は財布を持たないのか』『日本の「中国人」社会』（日本経済新聞出版社）、『なぜ中国人は日本のトイレの虜になるのか？』『中国人エリートは日本をめざす』（中央公論新社）、『「爆買い」後、彼らはどこに向かうのか？』『中国人富裕層はなぜ「日本の老舗」が好きなのか』（プレジデント社）などがある。

日経プレミアシリーズ　417

中国人《ちゅうごくじん》は見《み》ている。

二〇一九年一二月九日　一刷

著者　中島　恵

発行者　金子　豊

発行所　日本経済新聞出版社
https://www.nikkeibook.com/
東京都千代田区大手町一―三―七　〒一〇〇―八〇六六
電話（〇三）三二七〇―〇二五一（代）

装幀　ベターデイズ

組版　マーリンクレイン

印刷・製本　凸版印刷株式会社

ISBN 978-4-532-26417-8　Printed in Japan

日経プレミアシリーズ 213

中国人の誤解　日本人の誤解

中島　恵

えっ「日本は中国と戦争したがっている」って？　日本を知らない中国人、中国を知らない日本人が、互いの悪印象を増幅させる。「抗日ドラマ」を見ているのは誰か？　「愛国教育」の影響力とは？　中国現地の多くの人々に本音の話を聞き、日中関係を覆う「不幸の構造」を解き明かす。

日経プレミアシリーズ 356

なぜ中国人は財布を持たないのか

中島　恵

爆買い、おカネ大好き、パクリ天国――。こんな「中国人」像はもはや恥ずかしい？　街にはシェア自転車が走り、パワーブロガーが影響力をもつ中国社会は、私たちの想像を絶するスピードで大きな変貌を遂げている。次々と姿を変える中国を描いた衝撃のルポルタージュ。

日経プレミアシリーズ 393

日本の「中国人」社会

中島　恵

日本の中に、「小さな中国社会」ができていた！　住民の大半が中国人の団地、人気殺到の中華学校、あえて帰化しないビジネス上の理由、グルメ中国人に不評な人気中華料理店――。70万人時代に突入した日本に住む中国人の日常に潜入したルポルタージュ。